Réussir le changement dans le service public

Éditions d'Organisation
1, rue Thénard
75240 Paris Cedex 05

Consultez notre site :
www.editions-organisation.com

© Éditions d'Organisation, 1998, 2003
ISBN : 2-7081-2903-1

COLLECTION SERVICE PUBLIC

dirigée par Geneviève Jouvenel

Christian GUYON et coll.

Réussir le changement dans le service public

Deuxième édition

Éditions
d'Organisation

CHEZ LE MÊME ÉDITEUR
DANS LA MÊME COLLECTION

Le service public a fortement évolué au cours des dernières années dans ses missions, ses structures et dans sa culture. Il est aujourd'hui en recherche :
- de sens, en particulier sur la contribution propre de l'action publique, sur ce qui la rendait plus performante sans l'appauvrir ;
- de méthodes et d'instrumentations particulières. Les analogies avec le secteur privé atteignent leurs limites ;
- de communication enfin. Bon nombre d'expérimentations ou de changements pourtant réalisés avec succès ces dernières années dans le secteur public n'ont pas été suffisamment analysés ni valorisés avant d'être éventuellement généralisés.

La collection « Service Public » veut répondre à ces besoins. Elle est dirigée par Geneviève JOUVENEL de l'Institut de la Gestion Publique et du Développement économique.

• Jean-Paul BASQUIAT,
    Les administrations et les autoroutes de l'information, 1996.

• André BARILARI,
    Animer une organisation déconcentrée, 2002.

• Yolande FERRANDIS,
    La rédaction administrative en pratique, 2ᵉ édition 2000.

• Christian GUYON ET COLL.,
    Réussir le changement dans le service public, 2ᵉ édition 2003.

• Daniel HARMAND,
    Les métiers techniques de la fonction publique, 1996.

• Yves JONCOUR et Pascal PENAUD,
    L'achat public, 2000.

• Jacques LE MENESTREL et Marc SCHPILBERG,
    Au revoir et merci, Monsieur Taylor !, 1999.

• Frédéric PETITBON,
    Le guide d'action du manager public, 2ᵉ édition 2000.

• Jean-Yves PRAX,
    Le management territorial à l'ère des réseaux, 2002.

• Bertrand de QUATREBARBES,
    Usagers ou clients ? Marketing et qualité dans les services publics, 2ᵉ édition 1998.

• Sylvie TROSA,
    Quand l'État s'engage. La démarche contractuelle, 1998.

• Sylvie TROSA,
    Le guide de la gestion par programmes. Vers une culture du résultat, 2002.

Sommaire

Deuxième partie

Troisième partie

Les études de cas

CHAPITRE 5

Chapitre 6

Études de cas choisies dans le réseau des œuvres universitaires

Chapitre 7

Les cinq phases d'un changement global

Remerciements

Cet ouvrage doit beaucoup aux divers services publics qui lui ont servi de base d'observation. Que les nombreux praticiens qui ont manifesté une grande capacité d'écoute et d'échange par rapport à nos interrogations en soient ici remerciés. Notre reconnaissance s'adresse en particulier à l'Association Nationale des Directeurs Financiers et de Contrôle de Gestion (DFCG), qui nous a permis de créer le groupe de réflexion sur les services publics, présidé depuis l'origine par André Fito, directeur délégué de la Caisse nationale d'assurance vieillesse.

Nous voulons rendre également hommage aux contributeurs de la première édition :

- Pierre-François Doucet, Contrôleur général des armées, chargé de mission auprès du ministre de la Défense de 1995 à 1997 ;
- Gwenaël Prouteau, responsable des services comptables et financiers à l'ASSEDIC Atlantique Anjou, spécialiste reconnu des systèmes ABC/ABM en milieu public et également Maître de conférences associé à l'IUT de Nantes ;
- Gaby Vistuer, directeur adjoint de la Caisse régionale d'assurance maladie du Languedoc-Roussillon, expert de référence en matière d'organisation et de contrôle de gestion à la Sécurité sociale.

Préface
à la seconde édition

Cette seconde édition a été entièrement refondue dans le but de faire de cet ouvrage un véritable guide pratique, pour le lecteur, initiateur d'une situation de changement ou soumis à une telle situation. L'ouvrage dans ce sens a été restructuré complètement au niveau des parties et chapitres, et les études de cas détaillées présentées sont autres et récentes. Certaines ont à ce jour, encore des prolongements dans les organisations publiques concernées.

La première partie, concerne les préalables à l'engagement personnel dans une opération de changement. À cet effet sont analysées les spécificités du service public par rapport au privé et passées en revue les convictions requises chez le porteur de changement. La réflexion sur le service public a été encore approfondie par rapport à la première édition. Pour en faciliter la lecture, nous avons systématiquement résumé chaque section à l'intérieur d'un chapitre, puis chaque chapitre en se plaçant du point de vue du porteur de changement. C'est également vrai pour la deuxième partie.

La seconde partie décrit un modèle enrichi de conduite du changement dans les organisations, qui est à la base de la méthode proposée. Le recoupement de différentes approches du sujet – sociologie des acteurs, des identités et de l'innovation, psychologie de l'engagement et de la confiance, nouvelle communication – conduit à une synthèse qui définit des étapes hiérarchisées à suivre par le porteur de changement. La **dimension politique** – caractéristique principale pour nous du management public – est prise en considération de plusieurs manières :

■ dans l'analyse du contexte de l'opération ;

■ dans l'étude des acteurs concernés ;

■ dans l'élaboration des stratégies à suivre pour le porteur de changement.

Halte aux ouvrages utilisant la langue de bois managériale !

La troisième partie, la plus volumineuse de l'ouvrage, est consacrée d'abord à un cas inédit montrant de façon détaillée, jour après jour, comment utiliser la méthode. Suivent ensuite deux cas, également nouveaux, dans lesquels l'auteur fait ressortir les points clés de variation par rapport à l'illustration précédente. L'ouvrage s'achève par la formulation d'une méthode globale, applicable au changement d'ensemble d'un grand service public. Elle est illustrée de plusieurs exemples.

Avertissement au lecteur

En tant que guide pratique, cet ouvrage répond à un mode de lecture efficace pour tout candidat au changement au sein d'un service public.

Trois niveaux de lecture s'offrent à trois types de lecteurs, selon l'expérience, la curiosité et les interrogations qui sont les leurs.

➡ le lecteur **pressé d'agir** sur le terrain, et en tant que responsable ayant déjà une expérience en la matière, pourra commencer par la troisième partie, à savoir les cas pratiques détaillés ;

➡ le lecteur **curieux de comprendre les fondements** sociologiques et psychologiques de la méthode et connaissant déjà les spécificités du service public, choisira de commencer par la deuxième partie ;

➡ enfin, le lecteur **désireux de comprendre** la différenciation existante entre le service public et les entreprises privées, débutera normalement l'ouvrage. Il se rendra compte d'ailleurs peu à peu que cette interrogation sur le sens du service public, loin de n'être qu'un sujet de débat entre philosophes et politologues, se glisse au cœur des situations courantes, dans le fonctionnement de ces organisations et donc des situations de changement en profondeur.

Introduction

Un établissement public bien connu avait décidé de bouleverser sa gestion en responsabilisant (sic) les acteurs, grâce à la fourniture de toutes les informations nécessaires en termes de coût et de performance. Le projet devait se dérouler sur trois ans, en passant par les phases classiques décrites dans le schéma ci-dessous.

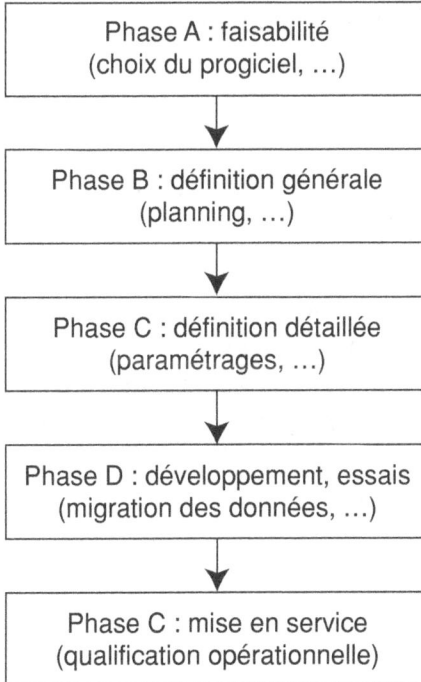

```
┌─────────────────────────────────┐
│   Phase A : faisabilité         │
│   (choix du progiciel, …)       │
└─────────────────────────────────┘
                │
                ▼
┌─────────────────────────────────┐
│   Phase B : définition générale │
│   (planning, …)                 │
└─────────────────────────────────┘
                │
                ▼
┌─────────────────────────────────┐
│   Phase C : définition détaillée│
│   (paramétrages, …)             │
└─────────────────────────────────┘
                │
                ▼
┌─────────────────────────────────┐
│   Phase D : développement, essais│
│   (migration des données, …)    │
└─────────────────────────────────┘
                │
                ▼
┌─────────────────────────────────┐
│   Phase C : mise en service     │
│   (qualification opérationnelle)│
└─────────────────────────────────┘
```

Que ce graphique est **rassurant** ! Il donne la sensation de maîtriser l'avenir, de rapporter la conduite d'un changement majeur au choix d'un progiciel intégré, solution miracle. Le projet a été présenté au personnel sur un mode de communication *descendant* (top-down), puis appliqué *uniformément* sur les différents sites de l'établissement.

Résultats : quatre ans plus tard, en 2002 – soit avec un an de retard – la fonction Achats a du mal à être maîtrisée, le personnel se plaint de la lourdeur des procédures. Quant aux informations de pilotage, le système ne peut les produire.

À la même époque l'établissement local (700 personnes) d'un service public avait développé un système de gestion innovant, ayant permis d'améliorer de façon spectaculaire sa performance tout en économisant sur les moyens. La direction nationale décida aussitôt de généraliser l'expérience à la *totalité* des autres sites répartis sur le territoire ; près d'une centaine ! Ce fut un échec.

On ne comprend pas. Tous les éléments rationnels paraissaient favorables : références de la société informatique d'une part et succès d'une expérience interne d'autre part. Alors ? Où sont les points de faiblesse ?

On a oublié :

■ que le changement est **d'abord un problème humain**, *puis* un problème technique. Il est souvent traité à l'inverse ;

■ que **l'action publique est complexe** (nombre d'acteurs important, influences politiques et syndicales fortes, etc.) ; le changement doit en tenir compte, la démarche doit être progressive, sans date butoir impérative, etc. Les réussites (celle de la DGI ou de l'Équipement, par exemple) le démontrent ;

■ qu'on ne peut appliquer à une organisation publique, sans les adapter, des méthodes de gestion issues de la sphère marchande de l'économie.

La dimension humaine, la complexité et la spécificité des services publics seront donc au cœur de notre méthode de conduite du changement.

La **première partie** pose ce que nous appellons les convictions préalables au changement, celles dont le porteur de changement doit être animé avant d'entreprendre quoi que ce soit. Il s'agit en l'occurrence pour lui de connaître les spécificités des services publics, d'en comprendre les rouages, pour se convaincre de la réussite de la transformation possible, ceci au prix d'une lucidité sans faille de son style de leadership.

Ces préalables posés, la **deuxième partie** passe en revue tous les éléments qui constituent la méthode pratique de conduite au changement. Sont prises bien sûr en compte toutes les connaissances démontrées à ce jour en la matière sans discrimination. On est frappé en effet de l'ignorance, voire du mépris affiché vis-à-vis des multiples recherches qui ne datent pas d'hier, puisque les premières ont pris leur essor avec les travaux de Ryan et Gross sur « l'acceptation et la diffusion du maïs hybride dans deux comtés de l'État d'Iowa », il y a près d'un siècle ! Déjà, à cette époque, les auteurs avaient constaté que les fermiers adoptaient l'innovation d'autant plus rapidement qu'ils étaient intégrés à des groupes et soumis à des influences diverses. C'est toujours vrai aujourd'hui !

Dans cette deuxième partie, aux composants du diagnostic de la situation à changer répondent ceux de la dynamique à entretenir pour espérer voir réussir la transformation.

L'architecture de la méthode déterminée, la **troisième partie** en est l'application pratique. Des études de cas diversifiées, traitant aussi bien d'un changement à une échelle locale qu'à l'échelle nationale sont proposées. En annexe à cette partie est développée une méthode pratique de maîtrise de toute situation de communication, ceci dans le but de remédier à un manque évident de communication au sein des organisations publiques.

S'approprier la démarche pour s'assurer de la réussite du changement, relève à la fois de la faisabilité éprouvée de la méthode et de la compétence de celui qui la conduit.

Première partie

Les convictions préalables

Cette première partie traite des préalables au démarrage d'une opération de changement :

➡ la connaissance précise des spécificités du service public ; c'est ce que nous avons appelé « dépasser les clichés » ;

➡ la maturité dont doit faire preuve le porteur de changement ; c'est ce que nous avons intitulé « faire preuve de lucidité ».

1

Dépasser les clichés

Le cliché le plus handicapant dans la conduite du changement, est la conviction fortement ancrée dans les esprits que service public égale service du public. Cette étroitesse de vue conduit souvent à s'aliéner le soutien du personnel, animé intuitivement d'une conception plus large du service public (solidarité nationale à EDF par exemple, lors des tempêtes ou inondations). Pire encore, elle laisse penser que la performance publique peut se mesurer à l'aide de quelques indicateurs simples de coût, délai ou qualité de service rendu ; ce qui est loin d'être le cas. Enfin, une telle conception va souvent de pair avec l'idée qu'une organisation publique peut se gérer comme une entreprise privée.

Trois clichés qui desservent sans aucun doute la réalité d'un service public à la mesure de l'intérêt général.

LE SERVICE PUBLIC N'EST PAS QUE LE SERVICE DU PUBLIC

Le « panier de services », une vision managériale commode

« Si vous n'avez plus d'électricité, nous vous garantissons l'arrivée d'une équipe de dépannage au maximum dans les quatre heures qui suivent votre appel (EDF) » ou « Lorsque votre Train à Grande Vitesse arrive à destination au moins 30 mn après l'heure prévue, pour un parcours d'au moins 100 km et lorsque le retard lui est imputable, la SNCF s'engage à titre commercial à vous offrir une compensation de bons voyage, représentant 1/3 du prix de votre billet ». Autant d'engagements qui ont accrédité l'idée que le service public consiste à délivrer un ensemble de prestations précisément délimitées. Cette vision correspond tout à fait à la conception dominante européenne, concrétisée par la notion de service universel[1]. Elle présente beaucoup d'avantages pour le manager public :

■ **facilité de mesure** : il est beaucoup plus simple d'estimer le pourcentage d'usagers non servis dans les délais que « la contribution à l'indépendance énergétique de la France »[2] ;

■ **commodité** en conséquence, à définir des objectifs, évaluer des résultats et récompenser les équipes ;

■ **visibilité des résultats**, précieuse au plan politique.

C'est pourquoi cette « modernisation par l'usager »[3] a connu un tel succès. Elle a conduit notamment à l'amélioration des

---

1. La Commission européenne définit ainsi un service universel : « un service minimum donné, dont la qualité est spécifiée, pour tout utilisateur, à un prix raisonnable ».
2. Expression figurant dans un questionnaire intitulé : « Pour vous, le service public de l'électricité, c'est quoi ? », envoyé en 2001 par EDF à ses usagers.
3. Selon P. Strobel : « Service public et relation de service : de l'usager au citoyen » in de Bandt et Gadrey : *Relations de service, marchés de services*, CNRS Éditions, 1994.

conditions d'accueil, à la simplification des procédures et des formalités, à la décentralisation de l'offre de services (les services de « proximité »). Son bilan, après une vingtaine d'années de réforme en Europe est donc tout à fait positif et l'effort mérite d'être poursuivi. Cependant, comme le note Luc Rouban, il ne s'agit que du « programme mineur de modernisation de l'État, bien qu'il joue un rôle important sur le plan économique »[1]. En effet, cette évolution est à la fois oublieuse de ce qui fonde la spécificité des services publics par rapport au privé – **la garantie du lien social** – et dangereuse pour leur pérennité ; lorsque tous les services publics considéreront qu'ils n'ont affaire qu'à des « clients », ils se seront transformés en entreprises privées et seront mûrs pour la privatisation.

> La garantie du lien social fonde la spécificité des services publics par rapport au privé

Or, manifestement, une vision aussi simpliste ne fonctionne pas, même dans les pays les plus libéraux. C'est d'abord la Nouvelle-Zélande, souvent citée en exemple parmi les « modernisateurs » radicaux de la gestion publique qui a opéré un revirement en 2000, en matière de santé publique et d'éducation notamment. Il faut dire que des épidémies de tuberculose, de méningite et d'autres « maladies du tiers-monde » y sévissaient régulièrement ! Plus récemment encore, trois anciens services publics privatisés il y a peu, ont demandé de l'argent à l'État britannique et l'ont obtenu. Il s'agit de l'opérateur ferroviaire Railtrack[2], de la société gérant le contrôle aérien (NATS) et du principal fournisseur d'énergie nucléaire, British Energy, tombé en quasi-faillite. Cela laisse bien soupçonner que la notion de service public est un peu plus complexe que celle de service du public, gérable au travers du respect d'un cahier des charges bien défini.

---

1. Luc Rouban : « Quelle réforme pour l'État en France ? », revue *Futuribles*, n° 263, avril 2001, pp. 5-22.
2. Ce mauvais fonctionnement permettait à un journaliste de titrer avec raison : « Les trains britanniques roulent moins vite qu'au temps de la vapeur » (in *Le Monde* du 18 mai 1998).

Le service public, un compromis complexe

Le service public, dans sa construction complexe repose sur « **un compromis entre contrainte régalienne, principes bureaucratiques et relation de service** »[1]. En effet, encore aujourd'hui, la formule de Max Weber reste valable : « Administrer, c'est dominer ». Ceci est visible même dans les services publics les plus marchands, comme la SNCF, La Poste, ou encore la RATP. Dans les règles qui s'imposent aux transports en commun parisiens, les préoccupations de sécurité publique sont encore très présentes. En citant à nouveau P. Strobel : « Même dans les services sociaux redistributeurs, la part de régalien reste forte et s'affirme d'autant plus que pèse la contrainte économique sur les ressources publiques : redistribuer des ressources à ceux et à ceux seuls qui en ont besoin, distribuer des allocations sous condition de revenu ou de caractéristiques de logement occupé, sont autant de pratiques sélectives impliquant classification, vérification, contrôle et sanction, qui tendent à instaurer du régalien dans des services qui ne se référeraient pas *a priori* à ce modèle. De plus, les politiques de lutte contre la pauvreté et pour l'insertion ont, depuis leurs origines, **conjugué assistance et contrainte** (contrainte au travail ou à l'activité, contrainte à la solidarité familiale) ». Cette expression de la « puissance publique » ne doit donc pas être escamotée. Lorsqu'un gendarme dresse un procès-verbal pour excès de vitesse, nul doute que la satisfaction du « client » n'est pas au plus haut et pourtant, il rend un excellent service public !

La contrainte est inévitable dans le sens où le service public conjugue assistance individuelle et intérêt général

Nous le constatons bien dans l'exemple des services sociaux ci-dessus, l'exercice équitable de cette contrainte suppose le bannissement de l'arbitraire et donc une valorisation culturelle de la règle.

C'est le sociologue R. Sainsaulieu qui constatait, après avoir étudié une vingtaine d'organisations publiques, l'existence parmi les personnels d'un véritable « modèle professionnel de service public »[2], caractérisé par deux éléments :

---

1. Extrait de l'article de P. Strobel cité plus haut.
2. R. Sainsaulieu et coll. : *Les mondes sociaux de l'entreprise*, Ed. Desclée de Brouwer, 1995.

■ l'interaction avec l'usager, qui est valorisée et « procure un **sentiment d'utilité sociale** liée à la notion de service rendu et de réalisation personnelle » ;

■ le recours à la notion de conseil vis-à-vis de l'usager, comme base de construction professionnelle, avec **une recherche de « justice »** dans l'application des règles publiques.

Ce difficile équilibre professionnel des agents de terrain, à la fois au service du public et représentant la puissance publique s'illustre par exemple dans les pratiques des agents instructeurs de demandes de permis de construire dans les directions départementales de l'Équipement. P.Warin note que « le souci d'améliorer autant que faire se peut le projet du demandeur pour le rendre plus harmonieux et plus conforme à son environnement est une règle de conduite importante au cours de l'instruction. Elle vise en substance à **faire de l'instruction un exercice de civisme** pour le demandeur. Ce que l'on attend du particulier, c'est qu'il modifie ses choix ou ses préférences dans le sens d'un intérêt public local (l'harmonie architecturale d'une commune) ».

EN RÉSUMÉ

Trois dimensions interagissent au sein du service public :

■ **l'intérêt individuel dans les services et prestations délivrés au public** ; c'est la dimension la plus proche de l'activité d'une entreprise privée ;

■ **l'intérêt général**, qui peut contrarier cet intérêt individuel ; les discussions récentes sur la localisation d'un nouvel aéroport parisien le montrent bien ;

■ **la gestion de la contrainte**, qui s'exerce au travers de l'activité de l'organisation qui rend le service public.

En conséquence, se limiter à la prestation du service rendu pour mesurer la performance d'un service public est réducteur. Cependant, lorsqu'on veut aller plus loin, on se heurte à des difficultés de mesure.

LA PERFORMANCE DU SERVICE PUBLIC N'EST PAS FACILE À MESURER

Mesurer l'impact de la politique de gestion publique est complexe

Le service public a une double fonction de production

Déjà, les théoriciens de la Rationalisation des Choix Budgétaires (RCB) avaient souligné qu'une des spécificités des services publics était leur **double fonction de production**.

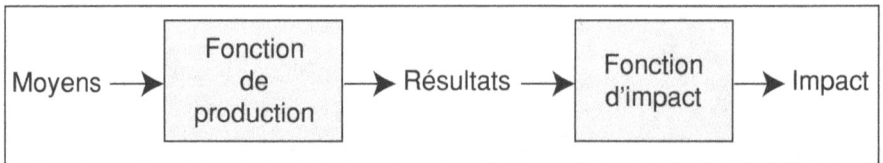

```
Moyens →  ┌──────────┐ → Résultats → ┌──────────┐ → Impact
          │ Fonction │               │ Fonction │
          │    de    │               │ d'impact │
          │production│               │          │
          └──────────┘               └──────────┘
```

Selon P. Gibert, la première fonction est comparable à celle d'une entreprise privée, et souvent bien maîtrisée par les gestionnaires publics. Ainsi, un responsable de l'Équipement sait quelle quantité de crédits, de matériels et d'hommes il lui faut pour construire x kilomètres de route. La seconde fonction transforme les réalisations en impact, en introduisant les réactions de l'environnement. Ainsi, pour améliorer la sécurité automobile la nuit, des bandes blanches ont été peintes sur les bas-côtés. Les conducteurs se sentant plus en sécurité ont conduit plus vite. Ce qui a augmenté le nombre d'accidents !

Cette distinction se retrouve dans les pays anglo-saxons, où l'on distingue les indicateurs d'*outputs* (résultats) et les indicateurs d'**outcomes** (impacts) ; les pays à modernisation drastique, comme le Royaume-Uni ou la Nouvelle-Zélande étant plutôt favorables aux services délivrés (outputs), alors que l'Australie, par exemple, est considérée comme privilégiant l'impact (outcomes).

Les difficultés à mesurer les impacts finals des services publics, illustrées notamment par les échecs du mouvement de programmation budgétaire des années 70 (RCB en France et PPBS aux États-Unis) expliquent en grande partie qu'on se soit replié en quelque sorte sur les indicateurs de services délivrés ; ce qui, nous le soulignons à nouveau, a souvent permis d'améliorer la relation au citoyen, anciennement considéré comme un assujetti, n'ayant pas son mot à dire. Cependant, nous l'avons vu plus haut, se limiter à cette conception comporte plusieurs risques, dont le moindre n'est pas de se trouver en contradiction avec le modèle professionnel vécu par les acteurs de terrain. D'où la nécessité d'articuler finement contrôle de gestion et évaluation des politiques publiques si on veut améliorer réellement la performance des services publics, en tenant compte de leur spécificité.

Coupler le contrôle de gestion à une évaluation des politiques publiques

Comme dans le privé, les systèmes de contrôle de gestion ont des limites, en particulier celle de viser un pilotage à court terme plutôt qu'un suivi de phénomènes dont la perspective est de l'ordre du moyen ou long terme. Cette faiblesse rend d'ailleurs obligatoire, pour apprécier la performance d'une organisation privée, de compléter l'analyse des indicateurs mensuels (voire quotidiens) par des audits, comme celui de la communication interne ou plus vaste encore, l'audit opérationnel.

Dans les services publics, cette même limite a rendu nécessaire la pratique – encore peu développée chez nous – de l'évaluation de politique publique. En effet, les dimensions de la performance

Les dimensions de la performance publique sont multiples

publique sont multiples. Elles touchent par exemple, en matière de services sociaux, aux aspects suivants.

Dimensions de l'action publique	Bases possibles d'évaluation de la performance
Économie de moyens	Coût d'investissement Coût de fonctionnement
Efficacité : • *directe pour l'usager*	Identification des besoins Appréciation des préférences Évaluation de la satisfaction
• *indirecte :* – pour l'usager	Modification de sa santé Augmentation des connaissances acquises Accès à la culture …
– collective et sociale	Redistribution des revenus Mobilité sociale …
– collective et économique	Emplois créés Activité économique induite …

Inspiré de B. Meunier : *Le management du non-marchand,* Economica, 1992.

Établir une gradation des impacts est possible

Nous observons donc bien que les effets des services publics sont multiples et une appréciation complète de ceux-ci peut faire hésiter devant l'ampleur du travail. Nous pensons pourtant qu'il est possible **d'établir une gradation**, en essayant de pousser les systèmes de contrôle de gestion publique le plus loin possible dans le sens d'une véritable évaluation de politiques publiques. Selon nous, il est possible de distinguer quatre niveaux dans cette échelle de progression, chacun d'eux incluant le précédent en l'enrichissant :

- **un contrôle de gestion des services rendus à l'usager**, visant l'évaluation du rapport *qualité perçue/coût des moyens nécessaires* ; c'est ce type de système qui existe dans les services publics aujourd'hui la plupart du temps ; la méthodologie utilisée pour construire les indicateurs est alors quasiment identique à celle employée dans le privé ;

- un contrôle de gestion des services rendus à l'usager, **distinguant clairement la performance des services rendus aux populations fragiles** de celle qui concerne des publics courants ; ce genre de système correspond déjà à une première intention de tenir compte de la spécificité des services publics, garants de la cohésion sociale, comme nous l'avons dit plus haut. Cela exige d'identifier ces populations et les caractéristiques particulières des services qui leur sont rendus. Une étude illustrant ce type de réflexion a été réalisée à La Poste en 1997[1]. En observant 1200 contacts au guichet, elle a identifié quatre sources de difficultés chez l'usager impliquant une assistance directe de la part de l'agent au guichet ; exclusion culturelle (ex : les analphabètes), situation financière précaire, exclusion sociale (ex : SDF, personne âgée isolée) et comportements déviants (mensonge, fraude, etc.).

- **un contrôle de gestion évaluant les « impacts intermédiaires »**. Nous avons vu plus haut que l'ambition des programmes raisonnant en termes d'impact était sans doute excessive dans un premier temps. De plus, le flou de certains d'entre eux, tels que « préserver l'environnement » ou « améliorer l'emploi » ont sans doute contribué à cet échec. D'où l'idée de définir des **impacts intermédiaires**, plus modestes mais plus mesurables. En matière d'emploi, l'Australie a choisi comme objectif de performance des organismes de formation des chômeurs : « obtenir un emploi

---

1. J. Gadrey, E. Ghillebaert, F. Gallou et D. Duplas : « Analyser les prestations de cohésion sociale « hors cadre » des services publics et leur coût », revue *Politiques et Management Public*, vol. 15, n° 4, décembre 1997.

occupé pour au moins treize semaines ». Comme le dit S. Trosa[1] : « Il s'agit bien d'un outcome et non d'un service délivré car il y a une différence entre être payé sur la base du nombre de formations fournies aux chômeurs et sur la base de la capacité à trouver un emploi. Certes cet outcome est intermédiaire et pas final ; c'est une présomption selon laquelle le travail n'est pas précaire, mais une présomption fondée (en l'occurrence par des études du marché du travail) ». C'est sans doute à ce stade que l'on découvrira concrètement dans une organisation les limites pratiques du contrôle de gestion ; une frontière se dessinant par l'expérience entre ce qui est du domaine des tableaux de bord et ce qui ressort de l'évaluation des politiques publiques.

■ **un contrôle de gestion couplé à une évaluation régulière des politiques publiques concernées** ; cette dernière étant d'ailleurs commune éventuellement à plusieurs organisations publiques puisque la plupart du temps, les politiques publiques concernent plusieurs institutions au niveau national et local. Ce qui inciterait les organisations concernées à la fois à travailler en partenariat et à mieux délimiter leur aire de compétences.

EN RÉSUMÉ

La mesure de performance publique est **complexe**. En effet, la mesure des résultats (outputs) doit être complétée de celle des impacts (outcomes). Pour un organisme de formation des chômeurs, par exemple, cela signifie que les indicateurs de réalisation des sessions (satisfaction des participants, coût de leur organisation, etc.) doivent être accompagnés par d'autres mesurant **l'impact final** (exemple : pourcentage des stagiaires ayant obtenu un emploi stable à l'issue de la formation).

---

1. S. Trosa : *Quand l'État s'engage*, Éditions d'Organisation, 1999.

Ne pas tenir compte de cette dimension risque d'aliéner le soutien du personnel ou des partenaires vis-à-vis du changement envisagé. Le pragmatisme exige simplement de **commencer par le plus facile** (résultats, voire moyens consommés), tout en gardant comme perspective pour les années ultérieures la gradation possible : indicateurs concernant les populations défavorisées, indicateurs d'impact intermédiaire et enfin, complément des analyses de contrôle de gestion par une évaluation de politiques publiques.

UNE ORGANISATION PUBLIQUE NE PEUT SE GÉRER COMME UNE ENTREPRISE PRIVÉE

À la complexité du contenu du service public délivré s'ajoute celle de l'organisation qui le délivre. Et ceci, pour deux raisons :

- le déficit d'image attaché à la gestion publique ;
- les spécificités organisationnelles.

La gestion publique, une application du droit administratif ou une question d'intendance !

Pour bon nombre de responsables politiques de haut niveau, la gestion publique souffre d'un déficit d'image, qui se manifeste de deux manières :

- au pire, la gestion publique ne consisterait qu'à appliquer le droit administratif ;
- au mieux, elle ne serait que « l'intendance » des grandes décisions et ne poserait donc pas de problème.

En ce qui concerne le premier point, la remarque de Serge Vallemont garde malheureusement une certaine actualité : « Trop souvent en administration centrale, on pense qu'une réforme ne peut venir que d'en haut et que le plus difficile sera fait lorsque la circulaire la définissant dans son moindre détail aura été rédigée, signée et expédiée »[1]. Elle marque la prégnance du droit administratif et de la culture principalement juridique de nombreux dirigeants publics. Il faut dire qu'en France, le droit administratif est considéré comme **le droit des services publics.**

En France, le droit administratif est considéré comme le droit des services publics

Même si cette conception, qui date du début du siècle, a été mise à mal par l'évolution ultérieure de l'intervention de l'administration, elle demeure un concept juridique **opératoire** essentiel pour définir certaines notions fondamentales du droit administratif français, comme celle d'agent public ou encore de domaine public.

Le service public, une construction jurisprudentielle

La notion de service public n'est pas définie par la loi. Elle est de construction jurisprudentielle. D'après les évolutions les plus récentes, quatre critères semblent nécessaires pour qu'une organisation soit classée comme telle :

– qu'elle assure une tâche d'intérêt général ;

– sous le contrôle de la collectivité ;

– avec des prérogatives de puissance publique ; c'est par exemple le cas d'un réseau câblé auquel la commune accorde une exclusivité sur le territoire couvert par celui-ci ;

– et des sujétions de service public, tel le principe d'égalité des usagers mais aussi la continuité et l'adaptation.

Cette influence du droit sur le fonctionnement des services publics a des conséquences non négligeables en matière de changement. Comme le remarque C. Clergeau de Mascureau : ces dispositions réglementaires « limitent les potentiels d'innovation participative »[2].

---

1. Cf. S. Vallemont : *Moderniser l'administration*, Nathan, 224 p., 1991.
2. Cf. « Quelles entraves organisationnelles et institutionnelles à l'innovation dans les organisations bureaucratiques publiques ? », C. Clergeau de Mascureau, revue *Politiques et Management Public*, Vol. 13, n° 2, Cahier 2, juin 1995.

Même lorsque la gestion d'une organisation publique n'est pas seulement considérée comme la seule application du droit administratif, elle est souvent considérée comme « l'intendance » par rapport aux choix importants et nobles que sont les choix politiques. C'est la leçon que nous tirons de l'observation de trente années de modernisation en France et que nous détaillons avec le schéma ci-après.

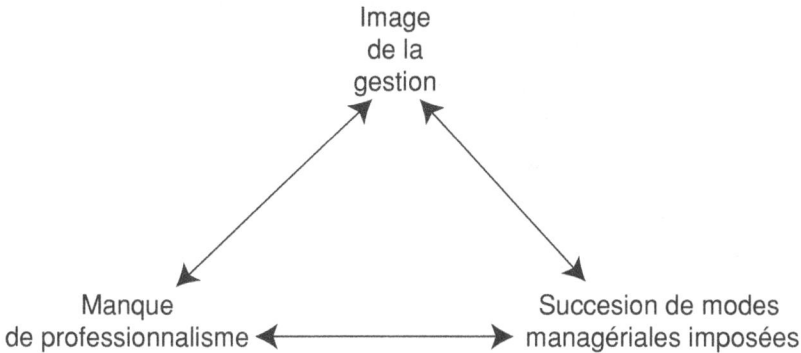

Image
de la
gestion

Manque
de professionnalisme

Succesion de modes
managériales imposées

La logique de ce schéma est la suivante :

- **la gestion** pour les décideurs politiques a une **image** souvent **péjorative**. D'où l'emploi par eux, pour s'en démarquer, du terme plus prestigieux de « management ». La gestion, c'est l'affaire des administratifs qu'il faut « responsabiliser », pas celle de l'élite dirigeante. Il y a « le **jeu noble des gouvernants** et le jeu roturier de la grande majorité des cadres et de leurs collaborateurs ». Le manque de connaissances en matière de gestion dans la formation de nos élites ne fait que renforcer ce trait. Nous pensons que ce terme domine les deux autres par son importance.

- si donc la gestion est méconnue et la difficulté du changement organisationnel sous-estimée, le choix de la bonne technique doit suffire à produire le résultat souhaité. D'où **l'accent mis sur les outils** (*le comment*) au détriment de la réflexion sur le fond (*le pourquoi*). Chaque gouvernement voulant imprimer sa marque, le fonctionnaire assiste à une succession de modes managériales, imposées d'en haut : aux « cercles de qualité » succèdent les

Image péjorative de la gestion, modes managériales imposées, manque de professionnalisme, une synergie négative au détriment du changement

« projets de service » qu'on abandonnera pour les « centres de responsabilité », dont le principe avait été étudié par le Conseil d'État vingt ans auparavant ! Patrick Gibert emploie à juste titre le terme de « zapping managérial ».

■ il n'est dès lors pas étonnant que la mise en œuvre d'un outil particulier manque de professionnalisme. Hervé Sérieyx note ainsi que le déroulement des projets de service a révélé **l'incompétence managériale** « à tous les niveaux, y compris les plus élevés ». Un seul exemple : alors que la démarche se voulait fondamentalement participative, du fait de comités de pilotage très hiérarchiques, des « volontaires » ont souvent été **nommés** pour mener les projets !

Les relations entre ces trois termes jouent dans les deux sens. Ainsi, le bricolage sur le terrain, dû au manque de professionnalisme, renforce l'image péjorative de la gestion. Ses maigres résultats militent en faveur de l'adoption d'une autre recette-miracle ...

À ce handicap culturel subi par la gestion publique et donc par la conduite du changement – notamment dans les relations avec la tutelle –, s'ajoutent les spécificités organisationnelles qui constituent souvent des obstacles supplémentaires.

Objectifs éclatés et inefficacité opérationnelle, les dominantes des organisations publiques...

Chaque organisation publique a ses spécificités qui découlent de ses missions d'origine et de son histoire. Nous proposerons plus loin dans notre méthode d'en intégrer l'analyse. Cependant, dès maintenant nous pouvons souligner plusieurs traits qui leur sont communs et les différencient des entreprises privées, à savoir la complexité de la fixation d'objectifs et des comportements organisationnels.

➡ **Les multiples enjeux politiciens engendrent de préjudiciables objectifs pluridirectionnels**

⇒ Les objectifs sont multiples et souvent contradictoires

Même si l'organisation privée cherche à satisfaire une demande extérieure, il ne s'agit là que d'un moyen pour atteindre des objectifs « internes » (privés) : notamment, obtenir un taux de rentabilité et de croissance satisfaisants pour ses actionnaires. L'organisation publique type, au contraire, « trouve sa **justification dans la volonté de changer un état de l'environnement ...** : il s'agit de contenir le chômage, d'éviter les agressions extérieures, de faciliter les communications, de maintenir l'équilibre de la balance des paiements, etc. »[1].

Or, cet état de l'environnement socio-économique comporte souvent des dimensions multiples qui peuvent conduire à des **objectifs contradictoires** au niveau le plus élevé. Ainsi, « les automobiles doivent être sûres (selon le ministère des Transports), efficientes du point de vue énergétique (selon le ministère de l'Énergie) et non polluantes (selon l'Agence pour la Protection de l'Environnement). Les réglementations promulguées par ces organisations se contredisent mutuellement. La sécurité est, *grosso modo*, directement fonction du poids de l'automobile, mais le poids est l'ennemi de l'efficience énergétique. Quant aux équipements de contrôle de l'émission de pollution, ils ajoutent aussi du poids aux véhicules ... »[2]. On pourrait ainsi multiplier les exemples. L'armée française s'est trouvée récemment confrontée à des impératifs budgétaires pouvant aller à l'encontre de préoccupations d'aménagement du territoire et/ou d'adaptation à ses nouvelles missions.

> Les objectifs sont multiples et souvent contradictoires

⇒ Les politiciens sont rarement explicites

Les services publics dépendent bien évidemment du pouvoir politique. Or, **les politiciens ont rarement intérêt à révéler leurs**

---

1. Cf. P. Gibert, « Management public, management de la puissance publique », Revue *Politiques et Management Public*, Volume 4, n° 2, juin 1986, pp 89-123.
2. Cf. B.M. Enis, M. Kangun et M.P. Mokwa, « Public policy development : a marketing perspective », in C. Lovelock et C. Weinberg, « Readings in public and non profit marketing », *The Scientific Press*, 1978, p. 35.

préférences. Ils deviendraient comptables d'une ligne clairement définie. Par ailleurs, le flou leur permet d'espérer « ratisser plus large », en vue des prochaines élections. Celles-ci leur imposant souvent un horizon de court terme, incompatible avec la poursuite d'objectifs de transformation significative.

N'oublions pas aussi la **charge affective** contenue dans la décision politique parce qu'à la différence d'une décision privée, elle nous concerne tous la plupart du temps et porte en elle l'espoir d'un projet de société. D'où la difficulté à officialiser certains objectifs, comme par exemple : limiter à 10 % l'augmentation annuelle du nombre de chômeurs[1]. Cela les conduit aussi à occulter la dimension de contrainte qui est le propre de toute puissance publique, qui impose (recensement, enregistrement d'identité, etc.), prélève et redistribue unilatéralement des ressources. Dimension qui se superpose à la relation de service et qui fait que les techniques de gestion privée de la qualité ne peuvent être transposées sans adaptation aux services publics[2].

➡ Les décideurs sont multiples

Les parties prenantes à la définition des objectifs sont également multiples. Ph. Hussenot l'a très bien montré dans le cas d'un responsable local de l'ANPE, devant arbitrer entre des **acteurs nombreux, aux enjeux différents**[3].

La complexité de l'équilibrage de ces multiples préoccupations fait que **l'objectif implicite** du service public (appelé quasi-objectif par l'auteur) est souvent différent de la finalité officielle, ayant présidé à sa création. Ainsi, l'ANPE a privilégié pendant longtemps son action sociale (canaliser la population au chômage dans le but de maintenir l'ordre public) au détriment de la prospection des offres d'emploi et du placement des chômeurs.

---

1. Exemple emprunté à P. Gibert, dans l'article précédemment cité.
2. Cf. I. Orgogozo, « Qualité, service public et démocratie », supplément à la revue *Échanges*, n° 114, juillet -août 1995, pp. 15-19.
3. Cf. Ph. Hussenot, *La gestion publique par objectifs. Des ambitions à la pratique*, Éditions d'Organisation, 1983.

Cette difficulté à spécifier des objectifs clairs contribue au développement de comportements organisationnels spécifiques.

➡ Les valeurs fortes attachées au service public vont-elles l'emporter sur des comportements organisationnels inopérants ?

Le caractère souvent flou des objectifs induit des comportements parfois très éloignés de la recherche d'efficacité. La difficulté à changer qui en découle est encore renforcée par la culture des responsables. Un levier subsiste cependant, avec des valeurs de service public, à fort potentiel de mobilisation.

➡ Des comportements éloignés de l'efficacité

Les objectifs étant flous, la définition de véritables indicateurs de performance est donc difficile. Cela rend beaucoup plus commode le recours à des **indicateurs mesurant la consommation de ressources**, d'où la prégnance des indicateurs budgétaires. Cette tendance est renforcée par le comportement habituel du bureaucrate, mis en relief par la théorie économique : la grande majorité des variables influençant sa satisfaction (niveau de rémunération, avantages du poste, puissance, etc.) est directement corrélée au niveau de son budget[1]. L'objectif implicite de maintien, voire de croissance, sans véritable fondement, devient alors rapidement prioritaire. Dans l'enseignement, cela conduit par exemple à la création de nouvelles filières ou de diplômes dont la justification est mince.

> Privilégier les indicateurs budgétaires satisfait aux comportements inopérants

Les parties prenantes étant multiples, la seconde préoccupation fondamentale du responsable public est **l'absence de vagues**. « Le bon manager public serait celui qui ne provoque pas volontairement ou involontairement de crise dans la relation entre l'administration et son environnement »[2]. D'où l'absence de préoccupations d'efficacité (atteinte d'objectifs de transformation de son environnement) ou d'efficience (rapport optimal entre le

---

1. Cf. W.A. Niskanen, « *Bureaucracy and representative government* », Éd. Aldine-Atherton, Chicago, 1971.
2. Cf. P. Gibert, article cité, p. 69.

niveau d'atteinte et la consommation de ressources) dans son action au quotidien. C'est ainsi qu'une étude des objectifs opérationnels des gestionnaires et professeurs d'un lycée, rapportée par Ph. Hussenot[1], a montré que ceux-ci ne cherchaient pas à limiter les pertes d'effectif ou à accroître la productivité mais plutôt à respecter les textes ministériels, à mettre à jour l'enseignement technique et à produire auprès de la tutelle une image dynamique par la demande de création d'options ou de sections nouvelles.

Ces travers qui, certes, ne se rencontrent pas partout, ne facilitent pas le changement. Pourtant, existent aussi des raisons d'espérer.

➡ Des valeurs fortes de service public

Toutes les expériences ayant abouti à un changement majeur dans un service public, se sont appuyées sur une réflexion profonde sur le sens de l'action dans une telle organisation.

C'est que le personnel dans ces organisations épouse, nous l'avons indiqué plus haut, un véritable « modèle professionnel de service public », fondé sur deux caractéristiques :

■ l'interaction avec l'usager qui « procure un **sentiment d'utilité sociale** liée à la notion de service rendu et de réalisation personnelle » ;

■ la conscience de **rechercher « la justice »** dans l'application des règles publiques.

EN RÉSUMÉ

L'organisation publique n'est pas gérable comme une entreprise privée pour plusieurs raisons :

■ ses plus hauts dirigeants et/ou ses interlocuteurs de tutelle considèrent la gestion (en particulier, celle du changement)

---

1. Cf. Ph. Hussenot, « Pour un contrôle des quasi-objectifs des administrations publiques », Revue *Politiques et Management Public*, Volume 1, 1983, pp. 5-23.

comme secondaire par rapport aux grandes décisions (investissements, définition de moyens, etc.). Il faut donc tenir compte de ce **handicap culturel** dans la démarche ;

■ ses **spécificités** sont multiples : complexité de la fixation d'objectifs, subtilité des comportements organisationnels avec d'un côté une résistance au changement et d'un autre, le partage de valeurs fortes de service public.

Quelles implications pour le manager public confronté au changement ?

L'efficacité du porteur de changement, est à la mesure de sa vision réaliste du service public. Une vision qui prend en compte les trois composantes de ce dernier :

- les services rendus au public ;
- l'intérêt général, qui peut dans certains cas contredire l'intérêt individuel (voir l'exemple du gendarme dressant un procès-verbal) ;
- la gestion de la contrainte liée à l'exercice de la puissance publique (exemple des conditions d'accès à certains services sociaux).

Aucune de ces dimensions ne doit être oubliée dans le diagnostic préalable au changement. Elles doivent également être appréciées dans la mesure de la performance publique, même si le pragmatisme recommande d'emprunter une approche progressive, fonction de la situation de départ de l'organisation concernée.

Les services publics présentent en outre des obstacles qui rendent le cheminement difficile : difficultés de fixation des objectifs, décideurs multiples, politiciens rarement explicites, habitudes de résistance au changement. Cependant, il est prouvé que les personnels partagent en majorité des valeurs fortes de service public qui peuvent être mobilisées. Nous verrons plus loin comment.

Ce dernier constat nous permet de terminer ce chapitre sur une note d'espoir en concluant que le changement est difficile mais possible. D'un côté il ne faut pas pêcher par excès de simplification mais de l'autre, il ne faut pas sombrer dans le pessimisme. C'est pourquoi nous évoquerons notamment dans le chapitre suivant les réussites souvent méconnues, en matière de changement dans les services publics.

Faire preuve de lucidité

Le chapitre précédent nous a instruit des dangers d'une simplification excessive du domaine étudié. Il ne faut pas pour autant s'effrayer devant la complexité du changement. Aussi, ce chapitre démontrera que la réussite est possible, comme l'attestent de nombreux cas vécus en France. Ces succès soulignent tous les qualités nécessaires chez le porteur de changement ; il vaut mieux les connaître *avant* de se lancer dans une opération de transformation.

LA RÉUSSITE PUBLIQUE EST PLUS FRÉQUENTE QU'ON NE CROIT

Autant les échecs et les crises du service public sont médiatisés, autant ses réussites font peu l'objet de communication au grand public. Il y a là une discrétion souvent excessive, malheureusement fréquente dans ces organisations. Pourtant, les succès sont nombreux, qu'il s'agisse d'établissements modestes, de grandes entreprises publiques ou d'administrations classiques[1].

---

1. Un indice de cette vitalité : nous avions dans notre première édition collecté de nombreux exemples (hôpital de Joigny, Air France, ministère de l'Équipement), nous avons pu les renouveler sans peine pour ce chapitre.

La persévérance du collège de Hem

Dans la commune de Hem (Nord), la crise économique et l'explosion démographique rendaient l'enseignement « impossible » au début des années 80. L'animatrice d'une association de quartier se souvient que : « Pour expliquer nos problèmes, on avait fait un dessin représentant les élèves qui tombaient par les fenêtres tellement il y avait de monde au collège ! ». C'est donc avec soulagement que fut accueillie la création d'une zone d'éducation prioritaire (ZEP), à la rentrée 1982. Les moyens suivirent : deux postes d'enseignant supplémentaires, un demi-poste de conseiller principal d'éducation… Associés à un travail de fond, pour rapprocher l'école du quartier. En 2000, les résultats étaient là : 76 % de réussite au brevet des collèges ; des associations de parents d'élèves impliquées. Comme le dit une animatrice de longue date d'une association de quartier : « La ZEP a **redonné du sens** à l'école ; pour les parents, pour les élèves comme pour les enseignants ».

La démarche expérimentale de régionalisation à la SNCF

Début 1997, la SNCF a lancé pour trois ans une expérience de régionalisation dans les services régionaux voyageurs. Six régions se sont portées volontaires : Alsace, Centre, Nord-Pas-de-Calais, Pays de la Loire, Provence-Alpes-Côte d'Azur et Rhône-Alpes. Au-delà d'un effort d'amélioration des services (accueil, infrastructures, intermodalité de matériel et de dessertes), chaque région a financé l'achat de matériel roulant ; sommes qui se sont ajoutées à la dotation financière de l'État : 2,8 milliards de francs en 1997 et en 1998. Le bilan effectué dès 1999 était très positif puisque le trafic avait progressé sur l'année de 5 % dans les six régions concernées, alors qu'il n'augmentait que de 3 % dans les autres régions.

Au-delà des résultats quantitatifs, la révélation d'un potentiel d'innovations

Comme dans l'exemple ci-dessus, au-delà même des résultats quantitatifs, c'est tout **un potentiel d'innovations** qui s'est révélé. Ainsi, les Pays de la Loire ont mis au point, en coopération avec les départements, une politique tarifaire et un « abonnement régional travail » ; l'Alsace a créé des « comités de lignes ». Animés par un élu, ils regroupent la région, la SNCF, des élus locaux, des représentants des usagers et des cheminots. Leur mission est de réfléchir et de débattre sur les aménagements de desserte.

Six autres régions (Aquitaine, Bourgogne, Lorraine, Midi-Pyrénées, Haute-Normandie et Picardie) ont signé des conventions intermédiaires au terme desquelles elles élaborent la politique des transports régionaux tandis que la SNCF continue d'assurer la conception, la gestion, la production et la commercialisation. Pour une entreprise publique dont la culture était historiquement « jacobine », la réussite est patente. Comme le dit Jacques Chauvineau, directeur de l'action régionale à la SNCF : « La régionalisation a créé une dynamique de développement et de modernisation du transport régional de voyageurs, qui était auparavant le parent pauvre du transport ferroviaire ».

La déconcentration des responsabilités à la DGI

Lorsqu'en 1989, une grève éclate dans l'administration des impôts et dure six semaines, c'est toute l'organisation qui a « littéralement implosé »[1]. L'origine de ce choc social, est le modèle managérial très centralisé ; « la direction générale des impôts était alors cloisonnée ». La grève a conduit les responsables à s'interroger et à s'engager dans une remise en cause du modèle d'organisation et de gestion qui prévalait jusque-là.

Cela s'est traduit par une déconcentration très poussée des responsabilités, accompagnée par la mise en place d'un outillage de mesure de la performance, ainsi qu'un système de contractualisation, **mettant en place des patrons responsables** (les directeurs des services fiscaux territoriaux), ayant la possibilité de s'engager. « Nous nous sommes alors véritablement interrogés sur la

Mettre en place des patrons responsables ayant la possibilité de s'engager

---

1. Les citations sont extraites d'une présentation récente de Gilles Grapinet, Inspecteur des Finances à la DGI, effectuée lors d'une journée d'étude de l'Institut de Management Public.

notion de performance de notre administration, question qui avait été quelque peu éludée durant des décennies. Nous nous contentions auparavant de suivre des statistiques très quantitatives de charges et d'activité ».

Dix ans plus tard, ce modèle fonctionne bien, car « la plupart des acteurs estime en tirer des avantages ». Même les syndicats, qui considéraient le contrôle de gestion comme une méthode contraire aux principes du service public, se sont progressivement intéressés à cette nouvelle forme de gestion : « Désormais, à chaque fois que nous souhaitons créer un nouvel outil ou un indicateur, les organisations syndicales souhaitent le plus souvent organiser des groupes de travail afin d'en débattre ».

Caractéristique intéressante de cette réforme, sur laquelle nous reviendrons dans nos recommandations en deuxième partie, le projet s'est déroulé *sans date d'achèvement préalablement fixée* ! C'est une des caractéristiques de la démarche à adopter face à la complexité.

EN RÉSUMÉ

Il est important de se convaincre lorsqu'on est porteur de changement, que le succès est possible. Les trois réussites que nous citons parmi tant d'autres, montrent qu'il peut s'accomplir dans des organisations de taille modeste (le collège de Hem), comme dans des administrations importantes (la DGI), et parvenir à mobiliser des acteurs très différents (régionalisation de la SNCF).

LE PRIVÉ EST SOUVENT LOIN
DE MAÎTRISER LE CHANGEMENT

L'outillage de gestion provenant la plupart du temps du monde privé, il en résulte un mythe tenace de son efficacité supposée en matière de management et de changement. Nous commencerons donc par rappeler le résultat de plusieurs études récentes instructives, avant d'aborder un exemple où la gestion privée est notoirement inférieure à la gestion publique : la distribution de l'eau potable.

Les nombreux échecs du changement dans le privé

Deux cents entreprises françaises ont été interrogées en 1997 par A.T. Kearney et Management Surveys. Il en ressort que **70 % des projets de changement menés dans des entreprises françaises échouent**. Ceci, du fait « d'un management assez technocratique qui, estimant avoir raison sur le papier, pense déclencher automatiquement l'adhésion du corps social ». L 'impact est d'autant plus fort que les sociétés françaises se montrent gourmandes de changement, par rapport à leurs consœurs allemandes ou japonaises. Elles ont annoncé en moyenne trois projets de changement d'envergure sur les deux dernières années. À noter – nous y reviendrons en deuxième partie –, que leurs concurrentes avancent plutôt à petits pas, se contentant de chantiers limités ; démarche adéquate face à la complexité.

Autre étude plus récente : celle menée au cours de l'année 2000 par Alliances Management Consultants, auprès de 77 chefs d'entreprise. Le premier facteur clé de succès, plébiscité par 65 % des responsables : les ressources humaines. Le plus fort défi consiste à « attirer, fidéliser et former les ressources humaines, femmes et hommes de talent ». Symétriquement, la principale barrière à la réussite des entreprises était celle des ressources humaines. On est donc surpris d'apprendre un peu plus loin dans la même étude que **80 % des patrons privilégient une démarche top-down dans l'élaboration du changement** au sein de leur

> Un management technocratique et des méthodes directives expliquent le fort taux d'échec des projets de changement des entreprises françaises

organisation ; les méthodes directives plutôt que participatives sont utilisées. On est loin de la prééminence accordée aux ressources humaines. Les chercheurs ont eu le bon goût de ne pas questionner ces dirigeants sur le taux de succès des changements entrepris…

La gestion publique de l'eau plus efficace

La gestion de l'eau est en France majoritairement assurée par des entreprises privées. Trois grandes sociétés se partagent un marché de 10,2 milliards d'euros : la Générale des eaux (Vivendi Environnement), la Lyonnaise des eaux (Suez) et la Saur (Bouygues). À peine un quart de la population bénéficie d'une distribution d'eau potable, assurée intégralement par le public. En revanche, la gestion de l'assainissement, dont la privatisation a réellement commencé au début des années 1990, se fait majoritairement selon ce dernier mode.

Une étude de l'Institut français de l'environnement (IFEN) de mai 2001, portant sur 5 000 communes notait que le choix d'une gestion privée ou publique entraîne toujours des écarts de prix. Cet écart est de **27 %** pour la distribution d'eau potable et de **20 %** pour l'assainissement, dans les deux cas **en faveur de la gestion publique** !

D'ailleurs, dès 1997 un rapport de la Cour des comptes avait mis en cause la gestion locale de l'eau et dénoncé l'augmentation des prix (+ 60 % en sept ans). En 1996, une enquête de BIPE Conseil portant sur la gestion de l'eau dans 4 000 communes avait montré que le prix du m^3 fourni par les opérateurs privés était en moyenne supérieur de 28 % à celui des régies publiques. En Grande-Bretagne, depuis la privatisation de ce secteur en 1989, le prix de l'eau a augmenté en moyenne de 5 % par an, en plus de l'inflation…

Nous avons rappelé dans le chapitre précédent les échecs récents dans ce même pays d'une gestion privée des chemins de fer, de l'énergie nucléaire, du contrôle aérien et en Nouvelle-Zélande de la santé et de l'éducation nationale.

EN RÉSUMÉ

Le porteur de changement doit se débarrasser des éventuels complexes qu'il pourrait avoir vis-à-vis de la gestion privée. En effet, **70 % des projets de changement entrepris dans les entreprises échouent**. Ceci, en raison d'une conception simpliste de la gestion des ressources humaines.

Par ailleurs, la gestion publique de l'eau coûte en moyenne **20 % de moins** que la gestion privée. L'efficacité du privé est donc loin d'être toujours évidente.

Les réussites publiques en matière de changement doivent forger l'optimisme du manager public et le débarrasser de tout complexe d'infériorité en la matière. Il ne faut pas pour autant pêcher par excès de confiance en soi et donc commencer par être lucide sur ses possibilités.

LE CHANGEMENT EXIGE UN COMPORTEMENT ADÉQUAT

Le porteur de changement doit adopter un comportement en parfaite adéquation avec sa personnalité et son style de leadership. Son langage positif sera l'élément qui emportera l'adhésion de tous au changement et par là même sa réussite.

« Connais-toi toi-même »

La maxime de Socrate, « Connais-toi toi-même », est toujours d'actualité, surtout pour le porteur de changement.

Zoom sur un cas réel

Un exemple vécu

Un dirigeant rapportait que tout en considérant les ressources humaines comme LE facteur clé, il avait peu de contacts directs avec ses collaborateurs et communiquait rarement avec eux. Ainsi, après avoir présenté en fin d'année les ambitions et les orientations qu'il avait arrêtées, il concluait qu'il serait heureux de répondre à toute interrogation, remarque voire critique. Bien évidemment, personne n'osait se manifester…

Aussi, pour un tel dirigeant, se lancer par exemple dans une démarche de projet d'établissement – qui implique une approche réellement participative –, afin de mobiliser son personnel, **ne correspondrait manifestement pas à son type de leadership**. Ce qui ne signifie pas que son comportement ne soit pas efficace dans d'autres situations, comme une crise financière par exemple.

D'où l'intérêt de connaître les styles utilisables. C'est ce que résume le schéma suivant.

Le modèle enrichi de Vroom et Yetton

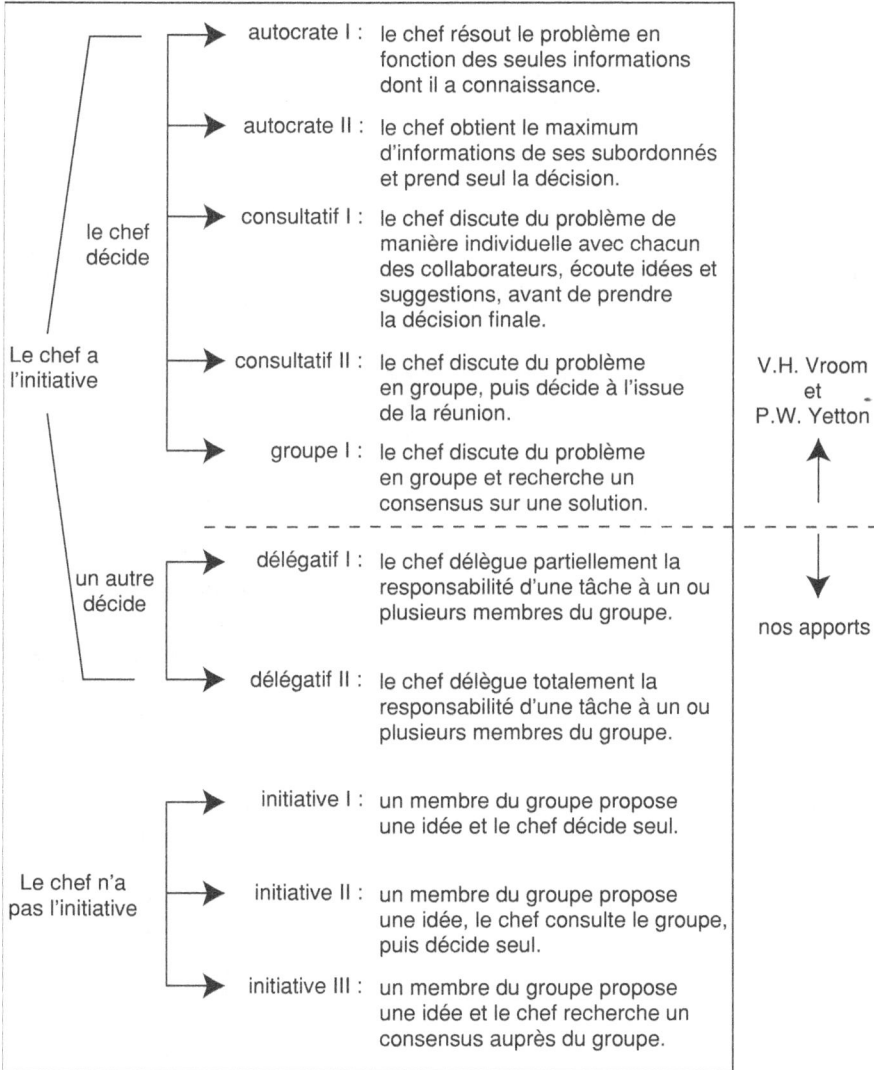

	autocrate I :	le chef résout le problème en fonction des seules informations dont il a connaissance.
	autocrate II :	le chef obtient le maximum d'informations de ses subordonnés et prend seul la décision.
le chef décide	consultatif I :	le chef discute du problème de manière individuelle avec chacun des collaborateurs, écoute idées et suggestions, avant de prendre la décision finale.
Le chef a l'initiative	consultatif II :	le chef discute du problème en groupe, puis décide à l'issue de la réunion.
	groupe I :	le chef discute du problème en groupe et recherche un consensus sur une solution.
un autre décide	délégatif I :	le chef délègue partiellement la responsabilité d'une tâche à un ou plusieurs membres du groupe.
	délégatif II :	le chef délègue totalement la responsabilité d'une tâche à un ou plusieurs membres du groupe.
	initiative I :	un membre du groupe propose une idée et le chef décide seul.
Le chef n'a pas l'initiative	initiative II :	un membre du groupe propose une idée, le chef consulte le groupe, puis décide seul.
	initiative III :	un membre du groupe propose une idée et le chef recherche un consensus auprès du groupe.

V.H. Vroom et P.W. Yetton

nos apports

Ce schéma est inspiré par les réflexions de deux auteurs américains reconnus en ce domaine[1]. Il a été complété par Yvan Barel, à la suite de nombreuses observations faites sur le terrain[2].

Il existe de nombreuses autres présentations des styles de leadership. Nous ne résumerons, à titre de comparaison et pour aider le lecteur à repérer les siens, que l'une des plus récentes, celle de D. Goleman, R. Boyatzis et A. Mc Kee[3]. Ces auteurs distinguent six styles adaptés à des situations différentes.

Style	Caractéristiques	Mode d'emploi
Visionnaire	Amène les individus à s'interroger sur leur contribution personnelle et à construire des buts partagés. Il apporte du sens à des tâches qui seraient autrement banales et ennuyeuses.	C'est le style le plus efficace, notamment lorsque le changement requiert une nouvelle vision ou la clarification du projet commun.
Entraîneur	Aide les individus à identifier leurs points forts et leurs faiblesses, pour les relier à des objectifs de développement à long terme, compatibles avec ceux de l'entreprise.	Ce style fonctionnera avec des collaborateurs faisant preuve d'initiative et souhaitant s'enrichir professionnellement. Il échouera avec ceux qui manquent de motivation ou ont besoin d'un fort accompagnement personnel.
Partenaire	Met l'accent sur les besoins émotionnels des individus, avant la réalisation des tâches et des objectifs.	Ce style convient pour augmenter l'harmonie d'une équipe, renforcer la communication ou restaurer la confiance dans l'entreprise.

---

1. Cf. V.H. Vroom et P.W Yetton, *Leadership and decision-making*, University of Pittsburgh Press, 1973.
2. Cf. Y. Barel, *Les interactions entre la stratégie, le manager et son équipe*, L'Harmattan, 2000.
3. Cf. D. Goleman, R. Boyatzis et A. Mc Kee, *L'intelligence émotionnelle au travail*, Village Mondial, 2002.

Style	Caractéristiques	Mode d'emploi
Démocratique	Consacre du temps à écouter, en tête-à-tête ou en réunion, les préoccupations des acteurs concernés. Il cherche à recueillir l'adhésion des parties, pour favoriser l'engagement de chacun.	Cette approche est la plus efficace lorsque le leader hésite sur l'orientation à prendre.
Gagneur	Défend et incarne des normes de performance exceptionnelle pour lui et ses collaborateurs. Il est obsédé par l'idée de faire mieux et plus vite et l'exige de tous.	À utiliser avec modération. Convient lorsqu'il est employé avec des individus hautement qualifiés et motivés. Il correspond bien à la phase de forte croissance d'une entreprise high-tech par exemple.
Autoritaire	Rassure en donnant une orientation claire dans une situation d'urgence.	Recommandé en cas de crise nécessitant un changement radical, ou avec les collaborateurs à problème.

Il y a bien sûr des recoupements entre les deux typologies ; l'intérêt de cette dernière étant de donner des indications, certes un peu générales sur l'adéquation de chaque style à une situation. Nous irons plus loin en deuxième partie. À ce stade, deux leçons sont à retenir :

■ les leaders d'excellence utilisent **plusieurs** styles et passent avec agilité de l'un à l'autre en fonction de la situation[1] et de leurs interlocuteurs ;

■ ils ne trichent pas pour autant avec un comportement manipulateur et privilégient **l'authenticité**, en agissant conformément à ce qu'ils éprouvent réellement[2].

---

1. La démonstration de ce résultat a notamment été apportée par une étude réalisée en 1996 par The Hay Group, auprès de 3 871 cadres, en reliant les caractéristiques individuelles des leaders avec les résultats économiques de leur équipe.
2. D'où le titre de l'ouvrage de D. Goleman, cité précédemment.

Outre cette qualité majeure, expliquant le titre de ce paragraphe, les leaders efficaces affichent une humeur positive, particuliè-rement importante en matière de changement.

Adopter un langage positif

Une étude menée par l'université de Yale a montré que, au sein des groupes actifs, les humeurs positives favorisent la coopéra-tion, l'honnêteté et améliorent les performances. Dit autrement, **le langage du changement est positif**. Comme l'indique P. Watz-lawick : « Les formulations positives et concrètes sont la condi-tion *sine qua non* de tout succès d'influence »[1]. C'est ce que G. Millet a également souligné[2]. En étudiant plusieurs discours politiques, il a montré comment l'emploi de termes **connotés à la pulsion de vie** plutôt qu'à la pulsion de mort accompagnait la réussite de l'influence de l'orateur : « qui ne se souvient du con-traste étonnant entre les deux allocutions du général de Gaulle, celle du 24 mai 1968, faisant dire à Raymond Tournoux : « Le charisme ne descend plus dans les chaumières », et celle du 30 mai, quelques heures avant le défilé triomphal des Champs-Élysées ». Dans la première, revenaient des mots tels que devoir, empêcher, graves occasions, donc des termes à connotation néga-tive, dans la seconde, l'orateur insistait sur sa résolution, son souci de maintenir, de légitimer, etc ». Il est donc par exemple vain d'espérer rallier les efforts des salariés en ne mettant en avant qu'un objectif de réduction de coûts ou de déficits publics.

Ce caractère positif à adopter dans le langage a pour corollaire **l'évitement de termes négatifs et en particulier des mots tabous**. Leur découverte est souvent aléatoire. Ainsi, dans une mairie importante (1 000 salariés) le nouveau contrôleur de ges-tion fut surpris de découvrir que le simple mot d'indicateur, qu'il utilisait souvent pour expliquer à tous la nature de son travail, éveillait une hostilité certaine. Après une recherche personnelle,

> Le langage du changement est positif

---

1. Cf. P. Watzlawick, *Le langage du changement*, Éditions du Seuil, 1986.
2. Cf. G. Millet, *La stratégie du verbe*, Dunod, 1981.

il se rendit compte que la précédente municipalité avait utilisé ce terme pour justifier de pratiques inéquitables de primes de résultat « à la tête du client ». Il bannit dès lors ce mot de son vocabulaire. De la même façon, au ministère de la Défense, dont la culture n'était pas une culture de gestion (« La défense nationale n'a pas de prix ! »), les discussions montrèrent qu'au lieu d'employer le terme de contrôle de gestion, il convenait mieux d'utiliser celui d'« **amélioration de la conduite des activités et des projets** ».

En résumé

Le porteur de changement doit d'abord se connaître, c'est-à-dire avoir identifié **les styles de leadership qu'il utilise**. Les présentations ci-dessus peuvent l'y aider. En effet, un leader efficace utilise plusieurs styles. Si le changement envisagé exige des qualités qu'il n'a pas, il peut soit tenter de les acquérir en utilisant par exemple un coach, soit s'associer à un partenaire possédant ces talents[1].

Autre caractéristique des leaders efficaces, ils ne trichent pas avec leurs interlocuteurs. Autrement dit, ils sont **authentiques**. Nous retrouverons ce point plus loin, à propos de complexité.

Enfin, ces mêmes leaders emploient un **langage positif**. Il est ainsi vain de penser motiver des acteurs sur la réduction des coûts, sans autre perspective. Symétriquement, ils évitent les termes négatifs et en particulier, **les mots tabous**. C'est ainsi que le service contrôle de gestion, au ministère de la Défense, a été baptisé : « amélioration de la conduite des activités et des projets ».

---

1. À titre d'exemple, nous avons souvent jugé pertinent dans nos missions de détecter très vite un allié interne, habile au plan politique (talent dont nous sommes dépourvu), nous permettant d'anticiper sur la faisabilité des étapes envisagées dans nos actions.

Quelles implications pour le manager public confronté au changement ?

Le porteur de changement doit, au départ, être convaincu que la réussite est possible. De nombreux exemples, pas toujours connus, l'attestent : depuis le modeste collège de province jusqu'à l'administration centrale la plus austère.

Il doit aussi perdre ses complexes éventuels vis-à-vis de la gestion privée. La réussite en matière de projets de changement dans les entreprises privées est loin d'être au rendez-vous (70 % d'échec). Ceci, en raison d'une vision simpliste des ressources humaines. Même en termes de performance de fonctionnement, la comparaison ne va pas toujours dans le sens des clichés ; ainsi, le coût de la gestion privée de l'eau est en moyenne supérieur de 20 % à celui de la gestion publique.

Enfin, dans les qualités à posséder, il doit connaître ses limites et notamment ses styles de leadership. Inutile de tricher en adoptant un comportement manifestement non conforme à sa personnalité réelle. Quant à son langage, il doit être positif et éviter les mots tabous.

Les considérations préalables au démarrage d'une action de changement ayant été présentées dans cette première partie, la deuxième partie traite des éléments composant notre méthode.

Deuxième partie

Bases de méthodologie de conduite du changement

Dans cette deuxième partie, nous suivrons notre porteur de changement, alors qu'il a décidé de se lancer. Comment doit-il procéder pour mettre le maximum de chances de son côté ?

Introduction à la deuxième partie : le modèle général du changement

Le schéma qui suit est inspiré de recherches portant sur le contexte du changement[1]. Il présente les composantes majeures de tout changement.

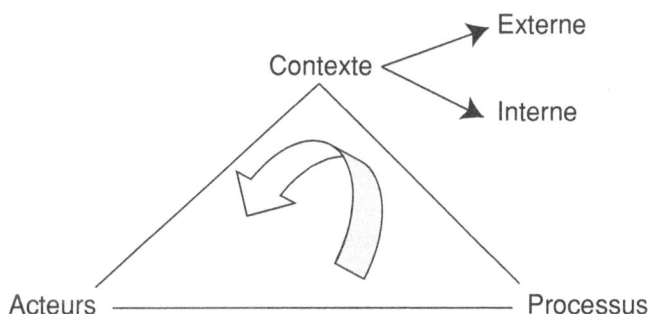

On y distingue d'une part un cadre triangulaire qui représente les trois composantes du diagnostic et d'autre part, la dynamique qui se déploie à l'intérieur de ce cadre. Les trois composantes du diagnostic à mener, dès le début de l'intention de changement, sont :

---

1. Voir notamment : *Management humain et contexte de changement*, de I. Brouwers et alii, Ed. De Boeck Université, 1997.

Les trois composantes du diagnostic de change-ment sont le contexte, les processus, les acteurs

- le contexte du changement, qui concerne aussi bien « l'externe », c'est-à-dire l'environnement social, économique, commercial et politique dans lequel l'organisation opère, que « l'interne », à savoir la structure et la culture organisationnelle ;

- les processus, qui sont les séquences d'activités (accueillir, traiter un dossier, etc.) qui aboutissent à une catégorie de prestations de services à un certain public ou à la collectivité. Il faut les connaître avant d'entreprendre un changement les concernant ;

- les acteurs, qui sont l'une des pièces essentielles de cette observation préalable. Nous privilégierons l'approche sociologique pour les décrire. C'est celle qui s'est révélée la plus féconde dans la conduite du changement, même si dans le prochain chapitre, nous y ajouterons quelques considérations psychologiques.

Nous approfondirons ces trois points dans le premier chapitre de cette partie. Quant à la mise en mouvement, elle se développe avec deux caractéristiques :

- une dynamique tourbillonnaire, comme l'ont montré les historiens et sociologues de l'innovation ;

- un affrontement de la complexité qui exige un mode de gestion différent de la gestion habituelle par objectifs.

Nous détaillerons ces deux éléments dans le second chapitre de cette partie. Ce qui nous permettra d'aboutir en synthèse à la méthode que nous proposons.

3

Les composantes du diagnostic préalable

Avant de s'engager dans un changement, il faut mettre à jour ses trois composantes : le contexte, les processus et les acteurs.

LE CONTEXTE DU CHANGEMENT

L'analyse du contexte est une composante généralement négligée dans les projets de changement, or, elle s'avère décisive (le lecteur le constatera dans les nombreux exemples proposés). Nous distinguerons d'abord le contexte externe du contexte interne, puis nous fournirons des clés méthodologiques pour en identifier les caractéristiques.

Le contexte externe au projet

Il est possible de distinguer dans l'analyse du contexte externe un ordre de priorité représenté dans le schéma ci-après.

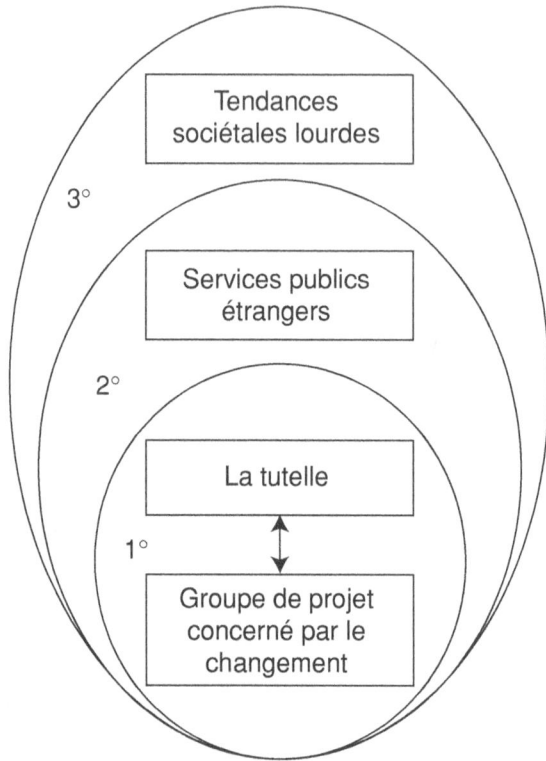

En premier lieu, il faut étudier comment le changement envisagé se situe par rapport aux préoccupations de la tutelle[1]. C'est particulièrement important lors d'alternances politiques qui bouleversent l'ordre des priorités.

---

1. Pour un dirigeant de service public, le terme de tutelle aura le sens habituel de l'autorité centrale supervisant son action ; pour un chef de service, responsable d'un projet de changement, sa « tutelle » sera constituée de la chaîne hiérarchique à laquelle il rend compte.

Zoom sur un cas réel

Le contexte favorable de la réforme de Bercy[1]

Contrairement à ce qu'on aurait pu penser, l'échec de la réforme de Bercy en 2000 n'est pas dû à un contexte défavorable. C'est même tout le contraire puisque les éléments suivants le caractérisaient :

■ discours ambiant sur la « nécessaire réforme de l'État » ;

■ degré d'urgence faible permettant de se donner du temps ;

■ perspectives démographiques particulièrement propices : pour le seul ministère des Finances, 105 688 personnes, soit 57 % des effectifs, partent à la retraite entre 2000 et 2013 ;

■ volonté politique affichée au plus haut niveau (Dominique Strauss-Kahn et Christian Sautter) ;

■ contexte syndical favorable puisque le Syndicat National Unifié des Impôts (SNUI), majoritaire à la Direction Générale des Impôts (DGI) appréciait peu FO, dominant à la Direction Générale de la Comptabilité Publique (DGCP). Le premier voyait plutôt d'un bon œil les éventuels transferts d'activités de la DGCP vers la DGI, qui auraient permis de faire supporter les réductions de personnel au syndicat concurrent.

Si la réforme échoue au printemps 2000, c'est en raison de **quatre erreurs de conduite du changement :**

■ délai trop restreint assigné au départ : quatre ans alors que toutes les réussites en ce domaine à l'étranger avaient demandé dix ans ;

■ champ d'étude trop limité : seul l'axe fiscal était retenu alors que la comptabilité publique assume également d'autres missions vis-à-vis des collectivités locales ;

■ solution conçue loin des préoccupations du terrain ;

■ accompagnement social négligé malgré les perspectives de forte réduction d'effectifs.

NB : le groupe de projet chargé d'initier le changement s'intitulait Mission 2003 ; c'est par rapport à lui qu'est analysé ci-dessus le contexte.

---

1. Cf. « Réforme de Bercy : récit et leçons d'un échec », par LP et D.S., revue *Sociétal*, N° 34, 4ᵉ trimestre 2001.

Une bonne connaissance préalable du comportement de la tutelle peut permettre de négocier dès le départ des marges de manœuvre suffisantes pour mettre toutes les chances de son côté.

Zoom sur un cas réel

La négociation de Christian Blanc avec la tutelle

Tout d'abord, le nouveau PDG, avant même d'accepter son poste à Air France, négocie vraiment avec sa tutelle pour **éviter l'interventionnisme** systématique de l'État-actionnaire et le contournement syndical. Cela en échange de l'interdiction de tout licenciement sec. Cette position d'« homme libre » lui permettra d'oser la rupture, avec crédibilité, si ultérieurement la négociation n'aboutit pas.

Après la connaissance aussi précise que possible de la tutelle – nous y reviendrons plus loin avec l'analyse des jeux d'acteurs –, il est souhaitable d'ouvrir les yeux sur les expériences comparables de changement dans des services publics identiques situés ailleurs en France ou à l'étranger. Pour reprendre le titre d'un excellent ouvrage : « Comment font les autres ? »[1].

Le regard sur des expériences de changement ailleurs fournit au-delà des constats une aide méthodologique

Dans la réforme de Bercy, citée ci-dessus, c'est d'ailleurs une comparaison avec nos principaux partenaires européens (rapport Lépine) qui fut à l'origine du projet. En effet, on avait constaté que les écarts de productivité entre la France et l'Espagne, par exemple, allaient du simple au double en faveur de cette dernière. Ce regard sur ce qui se fait ailleurs peut fournir au-delà des constats une aide méthodologique, comme le montre l'exemple canadien.

---

1. Cf. S. Trosa : *Moderniser l'administration : comment font les autres ?*, Éditions d'Organisation, 1995.

Zoom sur un cas réel

L'examen des programmes publics canadiens

Pour réduire les déficits des budgets fédéraux (10 % du PIB), chaque ministère canadien a été invité à évaluer la pertinence de ses dépenses à l'aide de six questions :

■ cette activité sert-elle l'intérêt public ?

■ le gouvernement a-t-il un rôle légitime et nécessaire dans ce secteur d'activité ?

■ cette action du gouvernement fédéral doit-elle être transférée aux provinces ?

■ quels programmes pourraient être transférés au secteur privé ou « bénévole » ?

■ si un programme est maintenu, comment en accroître l'efficacité ?

■ peut-on se permettre de financer l'ensemble des programmes ou des activités qui sont maintenus étant donné les restrictions financières et, si la réponse est négative, quels programmes ou activités conviendrait-il d'abandonner ?

Dernier niveau d'analyse du contexte externe selon notre schéma : les tendances sociétales lourdes qu'on peut rattacher au projet de changement envisagé. Elles peuvent aussi bien être sociales, économiques ou de politique internationale.

Zoom sur un cas réel

Le changement de la donne militaire dû à la chute du mur de Berlin

La chute du mur de Berlin le 9 novembre 1989 oblige à repenser l'avenir des missions militaires. D'une situation où l'ennemi prioritaire est relativement statique avec des modes d'action connus, on passe à des situations incertaines : alliances de circonstances lors de la guerre en Irak pouvant se substituer temporairement aux alliances classiques, interventions en Yougoslavie ou en Somalie où le combat d'infanterie qu'on croyait dépassé à l'ère nucléaire est remis en avant, et où il ne s'agit plus de faire la guerre mais de s'interposer pour éviter des conflits, voire de mener des actions humanitaires. Ces évolutions de fond obligent à repenser les missions de l'armée française.

Si nécessaire, l'étude de ce dernier aspect peut recourir aux analyses prospectives ou stratégiques, dont les méthodes sont connues[1].

Le contexte interne au projet

Le contexte interne concerne principalement l'équipe-projet du porteur de changement et les activités techniques concernées. En dehors des tendances lourdes des métiers concernés, dont l'analyse peut s'appuyer sur les ouvrages déjà cités, un domaine d'importance souvent négligé est celui de la culture organisationnelle.

> La culture d'entreprise, une « vision du monde », largement partagée par le personnel

Par culture d'entreprise, nous entendons une « vision du monde », largement partagée par le personnel. Ce sont en quelque sorte « **les lunettes** » avec lesquelles les problèmes sont identifiés (ou négligés) et les décisions prises. À titre d'exemple, il a été démontré que les entreprises où les cercles de qualité réussissaient avaient en commun des traits culturels favorables, comme le sens

---

1. Cf. M. Godet : *Manuel de prospective stratégique*, Dunod, 1997. Voir également l'ouvrage du collectif HEC : *Strategor : stratégie, structure, décision, identité*, Dunod, 2002.

de la rigueur et une orientation favorable au travail en groupe. Ces grandes caractéristiques coexistent avec des **sous-cultures**, comme les projets professionnels qui seront décrits dans la section du même chapitre, relative aux acteurs.

En ce qui concerne le changement, l'identification des traits culturels nous paraît importante sur deux plans que nous avions mis en valeur dès la fin de la première partie :

■ le plan des **valeurs** réellement soutenues par les salariés ;

■ le plan du **langage** admissible dans l'organisation concernée.

En effet, on constate souvent un écart sensible entre les **valeurs déclarées et les valeurs vécues**. C'est ainsi qu'un nouveau directeur, pétri de management, avait écrit dans le journal interne, qu'il souhaitait développer un management participatif. L'une de ses premières décisions fut d'imposer à ses collaborateurs un séminaire de formation sur un thème qu'ils n'avaient pas retenu, lors d'une réflexion collective précédente ...

Zoom sur un cas réel

La mission implicite de l'ANPE

Un autre exemple montrant l'aspect implicite des valeurs réellement soutenues par le personnel est fourni par l'ANPE dans les années 80. Alors que **l'objectif officiel** de cet organisme était d'avoir un taux de pénétration élevé du marché du travail, la réalisation était bien en deçà. Pourquoi ? Parce que le rôle réel d'une agence consistait à créer un territoire pour le chômage, à **œuvrer pour la paix sociale** en normalisant, quadrillant et canalisant la population au chômage. Ce qui se voyait dans l'emploi du temps du personnel de terrain qui passait 90 % de son temps à l'accueil et à l'entretien avec les chômeurs, contre seulement 10 % avec les entreprises.

En matière de langage, une imprudence courante consiste **à emprunter des termes au secteur privé** en espérant forcer les salariés à changer. C'est ainsi que le terme « client » fait florès dans les services publics. Sauf cas particulier, ce n'est pas un facteur favorable au véritable changement, selon nous, pour les raisons expliquées plus haut. Nous avons vu également les connotations négatives d'un terme comme contrôle de gestion. Il ne faut pas hésiter à le débaptiser pour éviter les préjugés.

Ces éléments de contexte étant précisés, comment les identifier simplement ?

Une méthode pour identifier les éléments du contexte

Devant l'ampleur des possibilités d'étude du contexte, le porteur de changement peut légitimement reculer. Lorsqu'il n'a pas les moyens budgétaires de recourir à des experts, il peut cependant recueillir par lui-même, ou avec l'aide de son équipe, des renseignements précieux. Pour cela, il peut procéder de deux manières différentes :

- en utilisant la documentation accessible ;
- en procédant à des entretiens individuels.

La première méthode est la plus facile à pratiquer. Nous donnons ci-dessous une grille pratique pour guider cette approche[1].

Grille d'analyse culturelle

Thèmes Sources	Évaluation Récompense	Changements antérieurs	Langage	Valeurs
– Journal interne				
– Communication externe (pub, etc.)				
– Tracts syndicaux				
– Plans précédents				
– Projets de changement antérieurs				
– Relevé d'incidents				
– Manuel de procédure				

Nous avons classé les **thèmes** par ordre de difficulté d'investigation croissante :

■ d'abord l'évaluation réelle (et non affichée) de la performance des individus et de la récompense ou de la sanction qui s'ensuivent. En s'intéressant de façon informelle (près de la machine à café, dans la salle de sport du personnel, lors d'une sortie

---

1. Le lecteur désireux d'approfondir pourra consulter les ouvrages de M. Thévenet :
   – *Audit de la culture d'entreprise*, Éditions d'Organisation, 1986.
   – *Culture et comportements*, Vuibert, 1992.
   – *La culture d'entreprise*, Que sais-je ?, PUF, 1994.
   Et ceux de P. d'Iribarne, dont : *Cultures et mondialisation*, Seuil, 1998.

organisée par les œuvres sociales, etc.) à la réalité des disposi-tifs de GRH (entretien d'évaluation, négociation d'objectifs) et au parcours des salariés et des cadres promus dans l'organisa-tion, on identifie les valeurs réellement soutenues par l'institu-tion.

■ autre sources particulièrement instructives : la comparaison des objectifs généraux ou des projets de changement adoptés quel-ques années auparavant et des réalisations obtenues dans l'organisation concernée. Lorsqu'un objectif est réitéré et que son degré de réalisation est faible, un trait culturel important est souvent l'explication de cette impuissance.

■ le langage et en particulier les mots tabous sont également révé-lateurs. Les termes de gestion sont souvent concernés parce qu'ils sont souvent associés à la gestion privée et donc suspec-tés d'emploi contre le service public ou les salariés. Nous avons mentionné plus haut la précaution prise au ministère de la Défense quant à l'appellation du service de contrôle de gestion.

Identifier l'importance officielle et réelle du chan-gement avant de lancer une opération de changement

■ les valeurs vécues par les salariés sont sans doute les éléments les plus difficiles à mettre à jour directement que nous avons mentionnés, il est évident que l'importance officielle et réelle du changement est fondamentale à identifier **avant** de lancer une opération de changement d'envergure.

En ce qui concerne les **sources,** il est particulièrement intéressant de s'attarder d'abord sur les tracts syndicaux. C'est ainsi que dans une mission de contrôle de gestion, nous avions relevé ceci : « la mise en fonction de tableaux de bord n'a qu'un but, contrôler le travail effectué par chaque agent, instaurer l'individualisme et l'esprit de compétition. Demain, cela servira à récompenser par le salaire au mérite les plus productifs… ». Cette lecture nous a per-mis d'élaborer un argumentaire visant à parer aux craintes révé-lées par ce texte.

Pour tenter de révéler les valeurs qui ne seraient pas apparues lors de l'analyse des trois thèmes précédents, il faut faire œuvre d'eth-nologue, en privilégiant l'étonnement, les attitudes ou faits para-doxaux. Une bonne piste réside ainsi dans les incidents, les conflits récents survenus dans l'organisation. Deux dimensions de cette analyse culturelle dominent :

- les catégories de représentation du monde : le noble et le vil, le loyal et le déloyal, l'ami et l'ennemi, le pur et l'impur ;
- les domaines d'application managériale : légitimité des dirigeants, respect dans la relation hiérarchique, modalités de la résolution de problème et de la prise de décision.

Pour montrer l'importance de cette exploration culturelle, nous présenterons quelques exemples.

Zoom sur un cas réel

L'impossibilité culturelle de généraliser un résultat satisfaisant

Nous sommes intervenu dans un hypermarché (600 salariés) pour effectuer un audit de la communication. Le directeur des ressources humaines, satisfait de notre intervention, nous a demandé d'étudier le lien entre le style de leadership des chefs de rayon et leur efficacité économique. Nous avons démontré avec des chiffres incontestables (classement du rayon parmi les 60 hypermarchés de l'enseigne) que les meilleurs résultats étaient obtenus avec un management « à l'écoute » des collaborateurs[1]. Pourtant, la formation et le coaching des chefs de rayon en difficulté, majoritaires dans l'effectif, que nous proposions, n'a jamais pu se réaliser. Pourquoi ? Le directeur de l'hypermarché, monté à la force du poignet, avait toujours utilisé un style de leadership autoritaire et la norme implicite de réussite pour l'encadrement était celle-là. Il n'a jamais apporté de soutien à notre démarche, alors même que nous avons cherché à l'impliquer dès le début de nos interventions.

---

1. Nous reprenons ici l'expression heureuse de l'ouvrage de Michel Crozier : *L'entreprise à l'écoute*, InterÉditions, 1989.

Zoom sur un cas réel

Les dangers insoupçonnés de l'emploi du terme « indicateur »

Un contrôleur de gestion fut recruté dans une mairie en difficulté financière. Afin d'expliquer sa mission, il réunit des personnels de base et employa le terme d'indicateur, qu'il croyait banal. Chaque fois qu'il l'utilisait, il constatait des départs dans l'assistance. Étonné de ce comportement, il demanda autour de lui la raison de ces défections. On lui expliqua que le maire précédent, féru de mesure de performance, avait développé un système d'indicateurs dont il se servait en fait pour récompenser « à la tête du client ». Ce terme banal de contrôle de gestion était devenu synonyme de partialité. Le nouveau contrôleur de gestion se dépêcha de l'abandonner…

La deuxième méthode de collecte de données culturelles se fonde sur les entretiens individuels, qu'il est possible de pratiquer seul ou avec l'aide d'intervenants extérieurs, lorsque la crédibilité de l'écoute est en jeu.

Zoom sur un cas réel

L'importance du contexte pour une prise de fonction

Un jeune cadre avait réussi ses premières années d'exercice de responsabilité dans un service accueillant les usagers. Il avait en particulier mis en place un tableau de bord qualité, qui était utilisé et commenté par la soixantaine d'hôtesses qu'il dirigeait. Promu à la tête d'un service d'instruction des dossiers (l'activité « noble » du service public concerné), il aurait pu vouloir répéter la même expérience (approche-outil et non approche-problème). Au lieu de cela, il commença par écouter individuellement chacun des cadres de son service en leur demandant de décrire leur activité de l'année écoulée (thème le moins directif possible, pour favoriser l'expression la plus large). Il se rendit vite compte qu'ils n'insistaient que sur leurs échecs, que le moral était au plus bas, du fait du comportement méprisant de son prédécesseur vis-à-vis de ses collaborateurs. Il leur demanda alors de préparer une présentation des actions qu'ils avaient réussies

(« il y en avait forcément une, au moins ! ») pour un nouveau rendez-vous individuel. Cette seconde entrevue lui permit de mettre en valeur ses collaborateurs, en aidant éventuellement à l'amélioration de la présentation. Il leur proposa ensuite d'effectuer cette dernière, en groupe, devant leurs pairs et lui-même. C'est ainsi qu'il put influer sur la représentation mentale de ses collaborateurs qui se percevaient avant comme des « losers ».

La mention de cette dernière source d'information fait le lien entre l'analyse du contexte et celle des acteurs que nous verrons plus loin dans ce chapitre. Autrement dit, dans l'approche que nous venons de voir dans cette section, il y a une dimension « macro » ; elle est fournie notamment par tous les écrits qui parlent du domaine étudié ou de l'organisation en général. Il y a également une approche « micro », constituée par l'interrogation des acteurs. Ce double éclairage permet, soit de croiser les renseignements obtenus afin de les valider, soit de compenser la faiblesse d'une source (par exemple, une documentation insuffisante) par l'approfondissement de l'autre (augmentation du nombre d'entretiens, par exemple).

EN RÉSUMÉ

Il faut insister sur l'importance de l'analyse du contexte, domaine souvent négligé par des responsables à la vision simpliste, qui pensent qu'une bonne solution peut s'appliquer de la même manière partout. Cet examen doit porter aussi bien sur le contexte externe que sur le contexte interne. Le premier concerne au premier chef les rapports avec la tutelle, puis les évolutions dans des services publics comparables, français ou étrangers et enfin, les tendances lourdes du secteur concerné ; on rejoint ici des analyses prospectives du type de celles pratiquées dans le privé. Le second renvoie surtout à la culture organisationnelle existant dans l'équipe projet, cellule active au sein d'une organisation. Il faut en particulier se méfier des « mots qui fâchent ».

Pour détecter les points clés du contexte externe et interne, une grille d'analyse peut être employée. Elle croise les sources utilisables (journal interne, etc.) et les thèmes révélateurs de valeurs culturelles : critères réels de promotion, échecs vécus lors de changements antérieurs, etc.

Avant d'aborder l'analyse des acteurs et pour en limiter l'étendue, nous passerons par la description des processus.

LES PROCESSUS

Nous commencerons par rappeler les principes de l'analyse par processus, avant de fournir des cas réels d'illustration puis d'approfondir l'étude avec la notion de zone d'incertitude.

Les principes d'analyse

L'analyse des processus est **plus qu'une simple technique** d'analyse des opérations d'une organisation, car elle remet en lumière la raison d'être de celle-ci, à savoir les prestations qu'elle apporte à ses usagers ou à la collectivité. D'où l'intérêt qu'il y a à la faire effectuer de la manière la plus participative possible, par les salariés eux-mêmes. Après une demi-journée de formation, ils sont capables d'y contribuer en n'utilisant que des rectangles et des flèches, comme ci-après.

Un processus est caractérisé par une prestation homogène dont bénéficie l'usager

Un processus est caractérisé par une **prestation homogène** dont bénéficie l'usager individuellement ou collectivement. Il peut s'agir par exemple dans un port, de la fourniture d'un bassin en bon état de fonctionnement. Ce qui impliquera la réalisation de nombreuses **activités** : dragage, accueil, électricité, plomberie, sécurité, carénage, etc. Activités qui seront elles-mêmes réalisées par des services (ou **fonctions**) différents : capitainerie, entretien, gardiennage, etc. D'où le schéma général suivant :

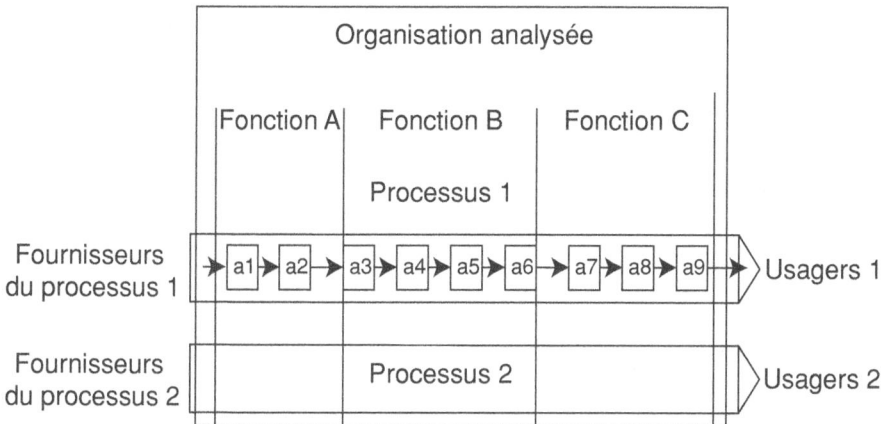

NB : chaque fonction regroupe plusieurs activités, a1, a2, etc. Par rapport à la réalité, ce schéma est naturellement simplifié. D'une part, les traitements administratifs sont caractérisés par de nombreux aller et retour entre activités (exemple de l'instruction de dossiers et du contrôle), qui n'apparaissent sur la figure. D'autre part, un processus peut utiliser des activités communes à d'autres processus. Ce qui n'est pas non plus représenté.

Outre l'avantage de favoriser le décloisonnement des esprits en faisant prendre conscience de la totalité du processus et de son but final, ce type d'analyse est plus stable dans le temps qu'une analyse traditionnelle puisqu'elle reste sensiblement identique, lorsque les fonctions sont réorganisées par un regroupement différent des activités de base. Ci-après sont présentés deux exemples réels : le premier concerne EDF-GDF Services (EGS), le second, le traitement des données sociales fournies par les entreprises et effectué sous l'autorité des Caisses Régionales d'Assurance Maladie (CRAM).

Cas réels d'illustration

Le premier cas décrit l'enchaînement des activités majeures d'EDF-GDF Services – qui assure la relation entre les centres de production d'électricité et les clients finaux –. La simplicité du diagramme montre qu'il a été **élaboré avec les opérationnels** de terrain car il utilise un langage compréhensible de tous. Sous chaque activité sont précisées les tâches qui la composent. Ainsi, l'activité de contact avec le client peut avoir lieu à l'initiative du client ou de EGS. Si c'est le client qui en est à l'origine, il peut s'être rendu en agence ou avoir téléphoné ou envoyé un courrier...

Six étapes clés concourant à la satisfaction des ménages

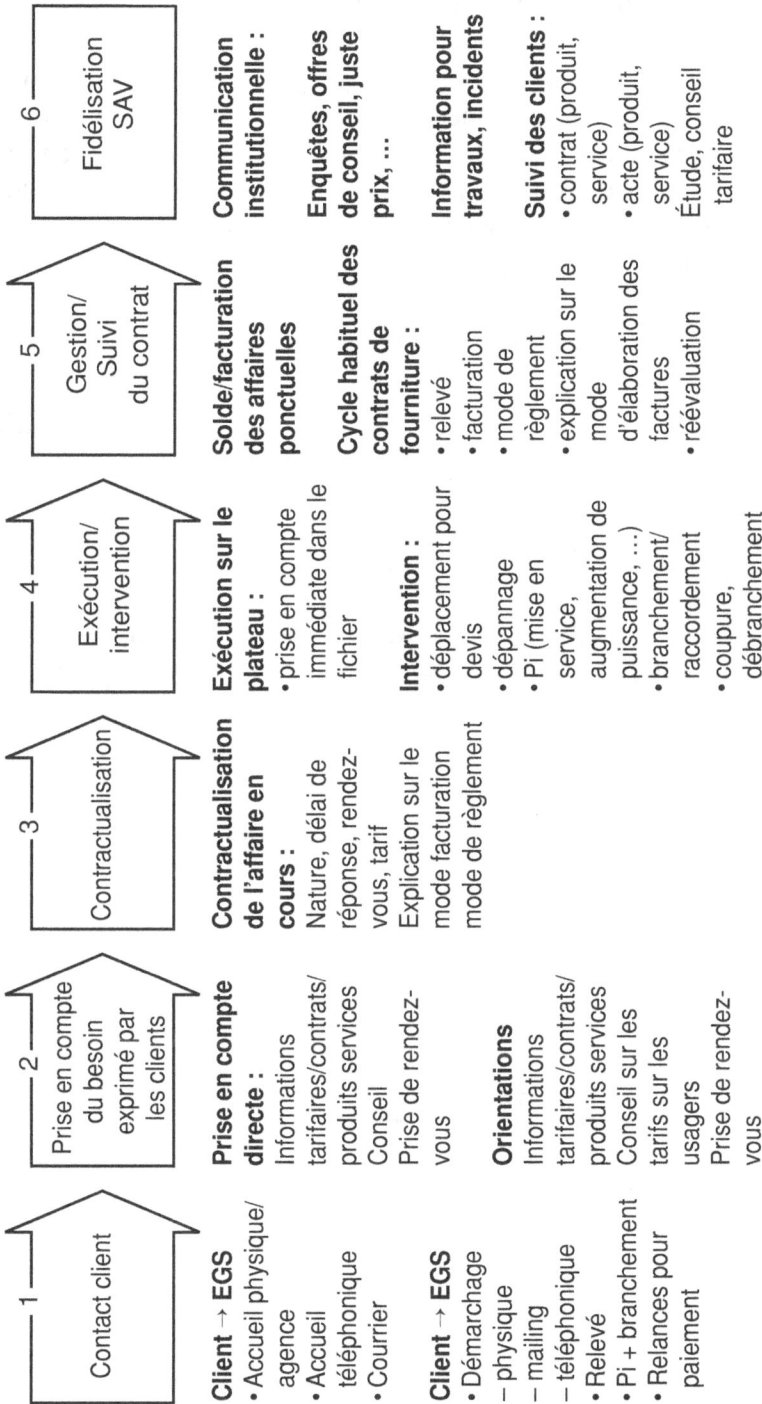

1 — Contact client

Client → EGS
• Accueil physique/ agence
• Accueil téléphonique
• Courrier

Client → EGS
• Démarchage
  – physique
  – mailing
  – téléphonique
• Relevé
• Pi + branchement
• Relances pour paiement

2 — Prise en compte du besoin exprimé par les clients

Prise en compte directe :
Informations tarifaires/contrats/ produits services
Conseil
Prise de rendez-vous

Orientations
Informations tarifaires/contrats/ produits services
Conseil sur les tarifs sur les usagers
Prise de rendez-vous

3 — Contractualisation

Contractualisation de l'affaire en cours :
Nature, délai de réponse, rendez-vous, tarif
Explication sur le mode facturation mode de règlement

4 — Exécution/ intervention

Exécution sur le plateau :
• prise en compte immédiate dans le fichier

Intervention :
• déplacement pour devis
• dépannage
• Pi (mise en service, augmentation de puissance, …)
• branchement/ raccordement
• coupure, débranchement

5 — Gestion/ Suivi du contrat

Solde/facturation des affaires ponctuelles

Cycle habituel des contrats de fourniture :
• relevé
• facturation
• mode de règlement
• explication sur le mode d'élaboration des factures
• réévaluation

6 — Fidélisation SAV

Communication institutionnelle :

Enquêtes, offres de conseil, juste prix, …

Information pour travaux, incidents

Suivi des clients :
• contrat (produit, service)
• acte (produit, service)
Étude, conseil tarifaire

Le second cas concerne le traitement des données sociales figurant dans les Déclarations Annuelles de Données Sociales (DADS), qui sont transmises par les employeurs aux Caisses Régionales d'Assurance Maladie. Cet enregistrement permet notamment d'établir les droits des salariés en matière de sécurité sociale et de retraite. Le descriptif des différentes activités, qui figure plus bas, pourrait être représenté graphiquement très simplement, comme suit.

Processus « données sociales »

Sous-processus : identification		Sous-processus : transfert des données							
Activités		Activités							
Identifier les déclarants	Identifier les salariés…	etc.……………………………………………………							

Le maillon intermédiaire « **sous-processus** » a pour but de rendre la lecture plus facile, en regroupant un sous-ensemble d'activités.

Définition détaillée des processus et sous-processus

PROCESSUS 1 : DONNÉES SOCIALES

➢ **Clients :**
- interne : Direction des Retraites
- externe : URSSAF, Déclarants, Partenaires.

➢ **Prestations rendues**
- interne : report au compte
- externe : mise à disposition des informations du compte individuel.

Description du processus – Découpage en sous-processus et activités

☞ **Sous-processus 101 -** Identification

Activités
⇨ identifier les déclarants
⇨ identifier les salariés (1re immatriculation) et traiter des litiges

☞ **Sous-processus 102 -** Transfert (collecte et intégration des données)

Activités
⇨ identifier (rechercher les numéros d'identification au répertoire national des assurés sociaux)
⇨ préparer les travaux – dont activité du centre de recevabilité
⇨ traiter les DADS – saisie – coûts des imprimés et de l'affranchissement
⇨ traiter les DNT
⇨ traiter les autres déclarations : artistes auteurs – DNA cotisations arriérés – contrat d'apprentissage – congé parental d'éducation – VRP
⇨ traiter les anomalies
⇨ contrôler le report au compte
⇨ archiver

L'analyse des zones d'incertitude

Une fois comprises les principales phases techniques concernant le processus impliqué dans le changement envisagé, il est particulièrement important d'identifier ses zones d'incertitude.

Malgré la définition de responsabilités, de procédures, de contrats internes et de tous les dispositifs tentant de rendre l'avenir et les comportements prévisibles, il subsiste toujours dans une organisation des **imprévus**, véritables accrocs du manteau formel : retard dans le déroulement d'un projet, absentéisme en hausse, etc. C'est le fameux exemple des ouvriers du monopole des tabacs, décrit par Michel Crozier[1]. Du fait de la vétusté des machines utilisées dans cette entreprise, les pannes sont fréquentes et les ouvriers d'entretien, qui détiennent la clé de cette incertitude majeure pour le processus de production, possèdent un pouvoir bien supérieur à leur position sur l'organigramme.

> Subsistent toujours dans une organisation des imprévus

Pour identifier les zones d'incertitude, on peut employer trois approches complémentaires :

- repérer les tâches **les plus critiques** pour le succès du processus et/ou de l'organisation étudiée. Cela passe par des questions comme : « Qu'est-ce qui influence le plus la réussite de l'activité, l'appréciation de la prestation par l'usager, la satisfaction des partenaires, etc. ?

- analyser les principaux **dysfonctionnements** rencontrés en demandant : « Quels problèmes majeurs rencontrez-vous pour atteindre les résultats prévus ? », ou en effectuant une démarche-qualité ou en lisant les rapports existant sur le sujet ;

- enquêter sur les réponses apportées aux **imprévus** : panne exceptionnelle, absence du responsable en charge de la décision, etc.[2]

L'incertitude n'est pas seulement une turbulence imprévue, c'est aussi la source d'une interaction entre les acteurs, qu'ils cherchent à utiliser à leur profit. D'ailleurs à l'incertitude objective

---

1. M. Crozier, E. Friedberg : *L'acteur et le système*, Seuil, 1977, p. 52.
2. P. Bernoux : *La sociologie des entreprises*, Seuil, 1998.

du fonctionnement technico-économique soulignée plus haut, les acteurs les plus habiles ajoutent **l'imprévisibilité entretenue** sur la façon dont ils vont remplir leur rôle au sein de l'organisation. Ils peuvent par exemple changer d'alliance d'une réunion à l'autre…

Zoom sur un cas réel

Les incertitudes de l'activité d'un garage municipal

En étudiant le processus d'entretien et de réparations d'un garage municipal qui résistait à la mise sous contrôle de ses activités (la mairie avait acquis un logiciel spécialisé, inutilisé), nous avons identifié les incertitudes suivantes :

■ *économiques* :
  - coût élevé dû à l'absence de planning et au délai excessif d'exécution
  - dérapages budgétaires dus aux consommations à but personnel

■ *techniques* :
  - qualité insuffisante de certaines réparations, par manque de compétence, liée à l'insuffisance de formation.

■ *organisationnelles* :
  - bons de travaux non remplis par crainte du « flicage ».

■ *socioculturelles* :
  - délai de réparation plus long que nécessaire par volonté des opérationnels de remplir un planning insuffisant.
  - absentéisme.
  - retard dû à l'absence de pièces, du fait de commandes à un fournisseur d'obédience politique opposée à celle du responsable du parc, et bloquées par lui.

Nous constatons qu'une large partie de ces incertitudes est créée par les acteurs eux-mêmes !

EN RÉSUMÉ

Il faut retenir que l'identification des activités qui composent les principaux processus du domaine soumis au changement, est un préalable indispensable. Elle permet avec des représentations simples d'impliquer déjà des acteurs de terrain. Dans un second temps, elle sert de tremplin au repérage des incertitudes majeures dans chaque processus, source de pouvoir pour les acteurs qui les contrôlent.

Cette dernière notion de zone d'incertitude est donc à cheval entre l'analyse technique du processus et celle des acteurs, que nous allons décrire dans la prochaine section.

LES ACTEURS

Dans cette section, nous montrerons quelles variables sociologiques sont pertinentes pour anticiper le jeu des acteurs au cours du changement. Les apports de la sociologie des organisations concernent deux dimensions du comportement des acteurs :

- l'une qu'on pourrait qualifier de court terme décrit leur position face à une situation vécue dans l'organisation, à un moment donné[1];

- l'autre, plus récente, y ajoute « l'épaisseur » historique de l'identité professionnelle qui s'est forgée peu à peu au cours d'une vie au travail[2].

---

1. C'est tout l'apport de M. Crozier et E. Friedberg, dont nous avons cité plus haut l'ouvrage majeur.
2. Cf. R. Sainsaulieu : *L'identité au travail*, FNSP, 1977.

Les stratégies des acteurs

Une organisation au quotidien est faite **d'arrangements locaux** autour des procédures officielles, qui permettent à ces dernières de fonctionner effectivement. Un changement va bouleverser ces équilibres fragiles. Ce sont **ces menaces qui peuvent provoquer une résistance au changement** et non uniquement un manque d'information. D'où la nécessité d'identifier les enjeux positifs et négatifs pour les acteurs concernés.

Ces **acteurs** sont soit des individus (exemple : le porteur du changement), soit des groupes ayant sensiblement les mêmes intérêts ou comportements vis-à-vis du changement envisagé (exemple : les hôtesses d'accueil). Cependant, en approfondissant l'analyse, on découvrira souvent des sous-groupes à l'intérieur d'un premier découpage. Plusieurs aller et retour seront en général nécessaires.

Identifier les acteurs

Une fois identifiées ces parties prenantes, il faut tenter d'évaluer les **enjeux positifs et négatifs du projet** pour chaque catégorie d'acteurs, pour prévoir les réactions probables et la manière de les canaliser. Nous utiliserons une grille d'analyse inspirée de la sociologie des organisations, en l'illustrant par un cas réel[1].

Évaluer les enjeux positifs et négatifs du projet

---

1. Cf. P. Bernoux, *La sociologie des entreprises*, 5e édition, Le Seuil, 1995.

Zoom sur un cas réel

L'anticipation des réactions à l'introduction d'un nouveau logiciel

Le changement envisagé touche la partie Exploitation d'un service informatique d'un service public régional. L'organigramme est le suivant.

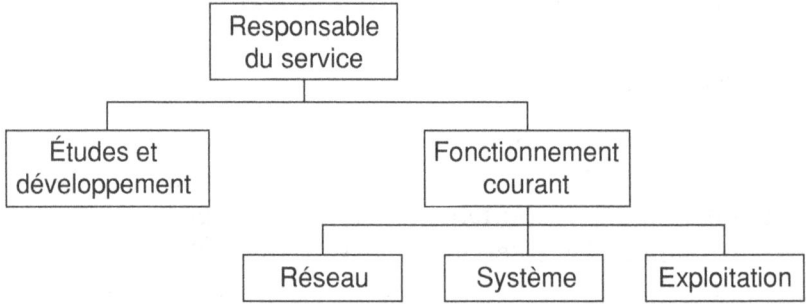

```
                    Responsable
                     du service
                         |
          ┌──────────────┴──────────────┐
     Études et                     Fonctionnement
   développement                      courant
                                         |
                              ┌──────────┼──────────┐
                           Réseau     Système    Exploitation
```

La cellule Exploitation est dirigée par un chef d'exploitation, assisté d'un adjoint. Elle comporte :

■ deux équipes de deux pupitreurs

■ deux équipes de deux opérateurs

■ un agent effectuant la coupe et la mise sous plis.

Le changement envisagé consiste à renforcer l'automatisation de l'exploitation en utilisant notamment un nouveau logiciel, appelé Orion. Il devrait permettre d'étendre la plage horaire des utilisateurs diurnes, qui irait de 7 h à 18 h, en exécutant les travaux d'exploitation la nuit. Les principaux acteurs concernés sont donc les opérateurs et les pupitreurs.

Grille utilisée : elle a été remplie avec le responsable du fonctionnement courant, chargé du projet, en dehors de la présence des opérateurs et des pupitreurs.

Enjeux positifs	Enjeux négatifs	Réactions prévisibles *	Stratégies d'atténuation
Pupitreurs – se lever moins tôt – enrichir leur formation	– pertes financières (indemnités de repas dues aux horaires nocturnes) – incertitude par rapport à la classification nouvelle, en train de se mettre en place – perte de statut du poste – remise en cause de la " noblesse " de la fonction	– rejet du changement – recours aux délégués syndicaux – angoisse de la reconversion	– information sur les nouveaux postes à pourvoir – organisation de la formation nécessaire – contact au niveau le plus élevé avec les instances syndicales
Opérateurs – maintien du poste	– pertes financières (indemnités de repas) – menaces sur le moyen terme (automatisation progressive par le logiciel)	interrogation sur l'avenir – impression d'erreur dans le choix de carrière	– information sur les choix de carrière alternatifs – aides pour le suivi des cours de cadres

* Pour identifier le mieux possible ces réactions prévisibles (les stratégies d'acteur), il peut être utile – ce que nous ferons dans notre exemple détaillé d'application en troisième partie – de préciser quelles sont les ressources dont ils disposent :

– le savoir détenu par rapport au changement envisagé. Il est évident qu'un savoir pertinent donne un pouvoir d'intervention ou de nuisance élevé à l'acteur ;

– le contrôle des règles de fonctionnement. Ce pouvoir s'apprécie par rapport à la capacité de l'acteur de créer les nouvelles règles (règlements, procédures, etc) ou d'interpréter celles qui existent ;

– le contrôle de l'information. Celle-ci permet d'être mieux informé que les autres, ou de l'être avant, pour agir plus efficacement ;

– le contrôle de l'attribution de moyens. Celui qui détient le pouvoir de décider des moyens de fonctionnement d'un autre acteur dispose d'un grand pouvoir sur lui.

La réflexion simple présentée dans ce tableau a permis d'éviter le conflit et de trouver les compromis nécessaires à la mise en place du logiciel.

Trois remarques finales pour une utilisation plus générale de cette grille :

■ tous les acteurs n'ont pas été présentés, notamment la direction et ses interlocuteurs syndicaux ;

- l'analyse a été conduite ici entre le chef du projet et le consultant. Dans le cas d'un projet complexe, il est **prudent d'avoir recours à des entretiens individuels et collectifs**, suivis d'une restitution aux intéressés, pour validation ;
- l'identification des enjeux est facilitée par la connaissance **des projets professionnels**. C'est ce que nous allons voir maintenant.

Les projets professionnels

L'expérience acquise dans une organisation finit par façonner au fil du temps les projets professionnels de ses membres. C'est un terme que nous préférons à celui d' « identité professionnelle », à la fois parce qu'il est plus modeste et parce qu'il illustre mieux le point fondamental : la perception du changement dans une organisation pour un individu sera conditionnée par la façon dont il envisage son avenir professionnel. Notre expérience nous a montré en effet que les individus sont prêts à changer à condition que la perspective s'inscrive dans la vision de leur devenir professionnel[1].

Par rapport à la perspective de changement nous ne retenons que trois catégories d'acteurs aux projets différents :

- **les progressistes** qui se représentent leur avenir professionnel comme améliorable, que ce soit au plan du statut, de la rémunération ou de l'expérience acquise ;
- **les immobilistes satisfaits**, dont le projet personnel se situe à l'extérieur : famille, hobby, etc. Ils se voient à moyen terme sensiblement au même niveau, dans la même tâche. Ils attendent un supérieur plutôt directif, minimisant leur implication personnelle ;
- **les immobilistes contraints**, qui sont aujourd'hui dans cette position, parce qu'ils y ont été contraints par un supérieur directif, alors qu'ils avaient commencé par prendre plusieurs

---

1. Y. Barel et C. Guyon, « Changer au quotidien », *L'Expansion Management Review*, n° 81, juin 1996.

initiatives ou par émettre des idées neuves. Cette catégorie est précieuse, car elle peut devenir un allié supplémentaire dans le changement, à condition de restaurer sa confiance.

La connaissance de ces projets sur le terrain est donc très précieuse. Elle permet de préciser sur quels leviers peser pour espérer enrôler les acteurs dans le changement poursuivi.

Projet professionnel / Levier utilisable	Immobiliste	Immobiliste contraint	Progressiste
Registre affectif : – restauration de la confiance – appel à la fierté personnelle, aux valeurs de service public – attachement au chef…	2e levier	1er levier	2e levier
Conditions de travail : – horaires – prise de congés – confort, ambiance au travail…	1er levier		
Progression professionnelle : – formation – accroissement de responsabilités – promotion…		2e levier	1er levier

Naturellement, dans chaque type de levier, la liste des moyens n'est pas limitative ; la créativité du responsable peut l'aider à en créer de nouveaux. On entend souvent le discours selon lequel dans les services publics, les contraintes sont trop lourdes pour laisser place à une quelconque marge de manœuvre : faux ! Un responsable d'un service d'accueil qui tenait absolument à ce que ses collaborateurs suivent une formation se trouva confronté à une situation classique : suite à l'absence d'un collègue, l'agent qui devait partir en formation était bloqué pour faire fonctionner l'antenne d'accueil. Dans le cas habituel, on en serait resté là. Le responsable prit la décision de fermer le site en faisant indiquer avec soin l'adresse de l'antenne la plus proche. De même à des niveaux d'action plus élevés : à la Caisse des Dépôts et à l'Équipement, les responsables s'aperçurent qu'ils pouvaient réformer en profondeur le système de notation du personnel, sans qu'il soit nécessaire de prendre de décret ou d'arrêté dérogeant aux règlements d'alors.

Autre fausse idée, la conviction que sans la possibilité d'instaurer des primes récompensant la performance (comme dans le privé), il est inutile d'espérer que les acteurs se mobilisent pour le changement. Sans négliger la dimension financière du travail, il est maintenant prouvé que cet aspect est loin d'être primordial dans leurs attentes vis-à-vis de leur emploi.

Identifier les leviers et les actionner correctement

Tout l'art du responsable consistera donc d'abord à **identifier les leviers** susceptibles de mobiliser les parties prenantes dans son projet mais ensuite à **les actionner correctement**.

L'identité politique des acteurs

Identifier l'appartenance politique des principaux acteurs concernés par le changement

L'une des spécificités les plus importantes de la gestion en univers public, c'est l'omniprésence de la dimension politique, même à un niveau très modeste de la hiérarchie. Il est donc particulièrement important de parvenir à identifier l'appartenance politique des principaux acteurs concernés par le changement. Lorsque celle-ci n'est pas affichée, les discussions informelles avec l'entourage sont les meilleures sources. On peut également observer les étapes de la carrière de l'acteur concerné pour en tirer des conclusions. Nous nous souvenons d'un directeur des ressources humaines d'un service public important qui, à chaque évolution importante des méthodes de management (mise en place de l'évaluation annuelle, automatisation de la gestion administrative des dossiers, etc.) n'avait ni empêché, ni atténué, ni vu venir des conflits sociaux durs. Néanmoins, son poste et son pouvoir n'était pas remis en cause. Il bénéficiait manifestement d'appuis importants.

Zoom sur un cas réel

De l'importance de l'appartenance politique
pour la mise en place d'un logiciel

Dans un garage municipal, la direction au plus haut niveau souhaitait la mise en place d'un logiciel de gestion déjà acquis pour rationaliser le fonctionnement. Le meneur de l'équipe d'ouvriers était du même bord politique que le maire et le secrétaire général. Aussi, malgré un travail de fond avec les agents de terrain et les diverses solutions réalistes imaginées par l'intervenant, la direction céda. Le *statu quo* fut préservé. Il faut dire qu'on était à quelques mois des prochaines élections municipales…

EN RÉSUMÉ

Pour anticiper et donc tenter de modifier les comportements des acteurs vis-à-vis du changement, il est nécessaire de définir pour tous les acteurs concernés les ressources qu'ils peuvent mobiliser pour maximiser leurs enjeux positifs et le projet professionnel qu'ils poursuivent, ainsi que leur appartenance politique.

Les ressources utilisables sont de quatre ordres :

■ le savoir, s'il est pertinent pour le changement envisagé ;

■ le contrôle des règles ;

■ le contrôle de l'information ;

■ le contrôle de l'attribution de moyens.

Le recensement doit se poursuivre par l'identification des enjeux négatifs et positifs du changement à leurs yeux, à court terme et à long terme. C'est là où le repérage des projets professionnels est précieux. Selon nous, trois types de projets dominent :

■ celui des immobilistes, qui souhaitent conserver leurs acquis ;

■ celui des progressistes, qui sont sensibles à un changement qui les ferait avancer ;

■ celui des immobilistes amers, qui pourraient à nouveau s'investir personnellement, pourvu qu'on parvienne à restaurer leur confiance.

Face à chacune de ces visions d'avenir, le porteur de projet devra utiliser des leviers différenciés. C'est là où nous retrouvons la nécessité d'employer des styles de leadership différents, suivant les interlocuteurs, précision pratique apportée dans ce chapitre par rapport aux premiers développements sur le sujet, en première partie.

Enfin, il ne faut surtout pas oublier d'intégrer l'appartenance politique dans la création des parades possibles face aux stratégies personnelles.

Quelles implications pour le manager public confronté au changement ?

Le porteur de changement doit être convaincu qu'une connaissance précise du contexte dans lequel devrait se dérouler l'action envisagée, est décisive pour sa réussite. On reconnaît d'ailleurs les grands leaders à leur capacité à s'emparer d'opportunités fournies par le contexte pour lancer un nouveau programme. Ce contexte présente une dimension externe (rapport avec la tutelle, les autres services publics, les tendances lourdes du métier) et interne (culture organisationnelle). Pour identifier ces traits, des méthodes existent. Nous avons proposé dans ce chapitre une grille d'analyse d'emploi aisé.

Une fois le contexte identifié, il faut acquérir une connaissance précise des processus à l'œuvre. Il est plus facile de commencer par les étapes techniques, avant d'identifier les zones d'incertitude, autour desquelles se jouent souvent les querelles de pouvoir.

Il convient aussi de recenser tous les acteurs concernés par le changement (décideurs mais aussi, utilisateurs) et de cerner quels enjeux celui-ci représente pour eux, ainsi que les ressources à leur disposition pour y résister le cas échéant. Cette dernière analyse sera facilitée par la connaissance de leur projet professionnel (immobilistes satisfaits, progressistes ou immobilistes amers) qui permettra de mieux choisir les leviers susceptibles de les enrôler dans le changement, ainsi que par l'identification de leur appartenance politique, capitale dans les services publics.

En abordant ce dernier thème de l'enrôlement, nous sommes déjà entré dans la dynamique du changement qui fera l'objet du prochain chapitre.

4

La dynamique du changement

Une fois analysés les éléments décrivant la situation à changer, comme nous l'avons vu dans le chapitre précédent, il s'agit maintenant d'insuffler une dynamique au changement pour le faire aboutir. Il est donc particulièrement important de savoir comment se diffusent habituellement les changements dans nos sociétés. C'est pourquoi nous commencerons par résumer les connaissances acquises sur la progression des innovations. Ce sera l'objet de notre première section. Dans un second temps, nous présenterons les apports de la psychologie, qui compléteront utilement les éléments de base de notre méthode, que nous décrirons en synthèse.

LES PHÉNOMÈNES DE BASE D'UN CHANGEMENT COMPLEXE

Trois composantes, déjà repérées séparément par d'autres auteurs, nous paraissent fondamentales dans la réussite du changement dans les services publics :

- la diffusion de l'innovation ;
- le préalable de l'écoute ;
- l'adoption d'un mode souple de planification.

La diffusion réussie de l'innovation

Nous présenterons d'abord la **nouvelle vision de la diffusion de l'innovation**, opposée à la conception traditionnelle. Puis, nous détaillerons ses principales composantes.

➡ Les deux conceptions de l'innovation

Habituellement, la diffusion de l'innovation est le résultat d'un processus constitué des étapes successives suivantes :

- **recherche fondamentale** : c'est le stade de l'idée générale. Un exemple en matière administrative : la conception selon laquelle l'efficacité d'une organisation dans un environnement fluctuant sera plus grande, si les responsables opérationnels disposent d'une large autonomie ;

- **recherche appliquée** : c'est l'étape des études spécifiques à l'organisation dans laquelle se prépare l'innovation concrète. Dans notre exemple administratif, ce sera l'expérimentation dans un ou plusieurs services de l'élargissement du champ de décision des opérationnels ;

- **développement** : dans le domaine industriel, c'est le stade du prototype. Pour l'exemple que nous avons choisi, ce sera l'établissement d'un modèle-type de délégation de responsabilités aux opérationnels ;

- **démonstration** : les vertus du nouveau dispositif seront alors présentées aux acteurs non encore touchés par l'innovation, avec la certitude que ses qualités propres suffiront à convaincre ;

- **diffusion de l'innovation** : l'innovation se répandra du fait de ses atouts intrinsèques ; la résistance au changement provenant de l'incompréhension de ses multiples avantages.

Ce schéma **linéaire**, quoique séduisant, a été totalement remis en question par les analyses sociologiques du développement progressif d'une innovation.

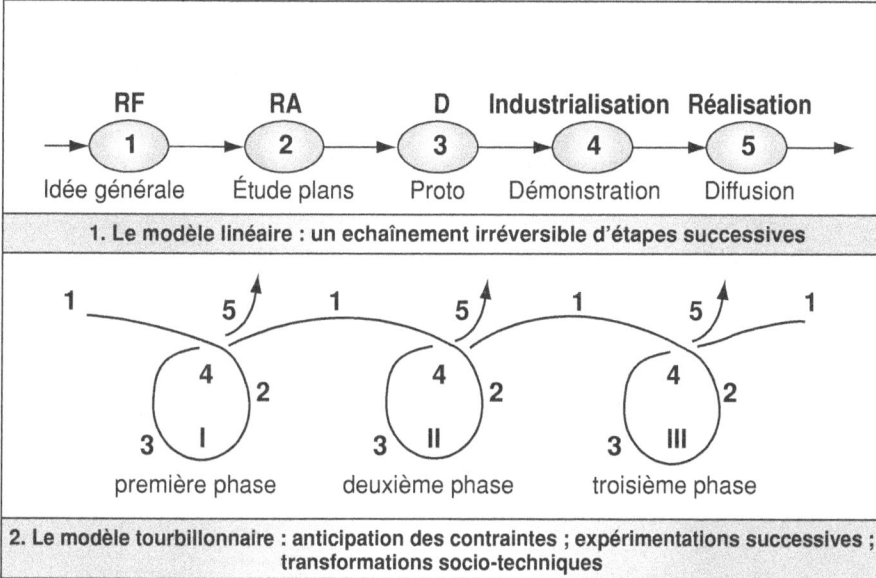

RF   RA   D   Industrialisation   Réalisation

1 → 2 → 3 → 4 → 5 →

Idée générale   Étude plans   Proto   Démonstration   Diffusion

1. Le modèle linéaire : un echaînement irréversible d'étapes successives

première phase   deuxième phase   troisième phase

2. Le modèle tourbillonnaire : anticipation des contraintes ; expérimentations successives ; transformations socio-techniques

Source : *Gérer et comprendre*, septembre 1988, p. 18.

Dans **le « modèle tourbillonnaire »,** l'avancement est plus chaotique. L'innovation se transforme au gré des groupes successifs qu'elle rencontre. Prenons comme illustration **l'exemple du Post-it.**

Zoom sur un cas réel

L'exemple du Post-it

Son inventeur, Art Try, est salarié de la multinationale 3M, bien connue pour sa culture favorable à l'innovation et ses produits adhésifs. Il chante tous les dimanches à la chorale de sa paroisse. Il se perd dans son livre de cantiques, car les signets qu'il a placés ont tendance à glisser. Il pense alors à une colle qui permettrait à ses repères de tenir suffisamment mais sans laisser de marques ou provoquer de déchirures lorsqu'on les retire. Il conçoit alors les désormais célèbres petits rectangles, qu'il propose ensuite à ses collègues du marketing. Ceux-ci lui affirment qu'il n'y a **pas de marché** pour un tel produit. De plus, 3 M est connue pour ses produits qui collent efficacement...

Art Try décide alors de distribuer ses Post-it aux secrétaires de direction de son groupe et même de firmes concurrentes, à titre d'essai. Très vite, celles-ci en redemandent. Il décide bientôt de ne plus répondre au téléphone à leurs demandes. Les commandes des secrétaires s'accumulent alors au service marketing...

Nous constatons bien, en reprenant les étapes du schéma :

- le début (1), qui correspond à l'innovation, c'est l'idée d'origine ;
- l'approche (2) d'un groupe d'acteurs susceptibles d'être intéressés, le service marketing ;
- la première expérience (3) du produit innovant avec ce groupe ;
- cette tentative a un résultat (4) négatif qui provoque une modification de l'idée d'origine (chant choral). Ce produit pourrait aussi servir aux secrétaires. C'est le début d'un second cycle, avec un nouveau groupe que l'innovateur va tenter d'intéresser ;
- dans chaque groupe approché, se produisent en général des défections (5) et des adhésions. C'est bien sûr l'élargissement progressif des convaincus qui fera le succès de l'innovation.

Il est particulièrement important de noter que cette nouvelle conception envisage d'une part l'innovation comme **un processus autant technique que social** et que, d'autre part, celle-ci subit dans les multiples interactions décrites, une transformation progressive. Elle n'est pas totalement déterminée au départ et proposée en une fois à son public final. De nombreux tâtonnements, voire des retours en arrière, sont absolument nécessaires.

L'innovation, un processus technique et social

Deux leçons peuvent être tirées des analyses de la construction d'innovations réussies :

■ **l'innovateur ne cherche pas la perfection initiale** mais suscite les critiques, même s'il garde son autonomie de jugement.

Un exemple : George Eastman, fondateur de la société Kodak, avait conçu au départ un appareil destiné aux professionnels. Confronté à des réactions hostiles de leur part, il fait de nouvelles recherches, modifie son produit et crée un boîtier facile d'emploi pour une catégorie sociale qui n'existait pas : le photographe amateur[1] ;

■ **plus l'innovation est complexe, plus c'est une création collective**, y compris dans l'équipe à l'origine de l'innovation.

C'est ainsi que Thomas Edison, convaincu qu'il fallait remplacer le gaz par l'électricité comme source d'éclairage domestique, crée une équipe et un réseau non seulement de haute qualité scientifique (l'ampoule à filament incandescent, moyen de cette électrification, est à inventer) mais encore un véritable microcosme. « Avec lui, Edison tient tout ce qui dans l'Amérique et dans le monde entier est crucial pour la réussite de son projet. Il a à ses côtés la science faite, la science en train de se faire, les équipements, la finance, le droit, l'opinion et les municipalités »[2].

---

1. Cf. R. V. Jenkins : *Images and enterprise : technology and the american photographic industry, 1839-1925*, Baltimore, John Hopkins University Press, 1976.
2. Cf. M. Akrich, M. Callon, B. Latour, « À quoi tient le succès des innovations ? », Revue Annales des Mines, *Gérer et comprendre*, septembre 1988, pp 14-29.

Nous reviendrons plus loin sur cette caractéristique des systèmes complexes.

Dans tous ces échanges, ces confrontations d'idées, ces compromis qui s'élaborent progressivement, la capacité à « traduire » les caractéristiques, les avantages et les inconvénients de l'innovation dans le langage de l'autre est déterminante.

➦ La « traduction », au cœur des composantes de l'innovation

Bruno Latour précise l'idée de « traduction de l'innovation » dans un de ses ouvrages : « L'idée de départ ne compte guère... Elle ne se déplace que si elle intéresse l'un ou l'autre des groupes. Comment ? En traduisant d'une autre façon et dans un autre langage les intérêts de ces groupes. Ainsi se **forme une chaîne de traduction** qui transforme un problème global en une solution locale »[1].

La traduction : transformer un problème global en une solution locale

Cette notion, tout en incluant le sens habituel, va bien au-delà. En effet, traduire un projet innovant dans le langage de l'autre, cela peut conduire, pour nous, à en redéfinir une variante qui corresponde aux préoccupations du groupe visé. C'est ainsi qu'une recherche de réduction des coûts dans un service peut aboutir à des **projets « traduits »** pour les différents groupes de travail qu'on aura cherché à intéresser.

---

1. Cf. B. Latour, *Aramis ou l'amour des techniques*, Éd. La Découverte, Paris, 1993.

Zoom sur un cas réel

Les projets traduits dans un laboratoire

Initialement, l'objectif du directeur de l'hôpital qui nous avait missionné concernait la réduction des coûts du laboratoire d'analyse. Après quelques entretiens parmi les vingt salariés et les services médicaux utilisateurs, nous nous sommes rendu compte qu'un audit de type financier permettrait certes de faire des économies mais aurait un impact finalement limité. En effet, le cœur du problème résidait dans la faiblesse de la coordination entre les membres de l'équipe. Pour mobiliser autour du projet de changement initial, nous avons donc créé trois groupes centrés sur les trois préoccupations qui avaient émergé des entretiens :

■ l'amélioration de l'organisation du traitement administratif des analyses (code barres pour les éprouvettes, etc.) ; ce point était capital pour le personnel administratif du laboratoire ;

■ l'augmentation de la qualité et de la satisfaction des services utilisateurs ; ce besoin de reconnaissance était ressenti fortement par les laborantines ;

■ le développement d'outils de management, thème sensible pour les trois dirigeants du service.

Sans le cacher aux participants, nous avons ainsi fait avancer leur projet et le nôtre, nous permettant de présenter à la direction – qui a souhaité ensuite une conférence pour l'ensemble des responsables de service de l'hôpital -, des sources d'économies à court, moyen et long terme.

Le déroulement d'un tel processus innovant repose sur un certain nombre d'éléments, mis à jour par les sociologues de la traduction :

■ **la contextualisation**, qui « revient à une analyse des actants en présence, de leurs intérêts, de leurs enjeux et de leur degré de convergence »[1]. Les actants comprennent bien sûr les acteurs

---

1. Ces dix points ont été soulignés par H. Amblard, P. Bernoux, G. Herreros et Y. F. Livian, dans leur ouvrage : *Les nouvelles approches sociologiques des organisations*, Éditions du Seuil, 1996, pp 155-167.

(parties prenantes) mais également « l'ensemble des non-humains, ces choses qui font tenir entre eux les acteurs : tel produit, telle machine, telle somme d'argent »[1] ;

- **la problématisation**, qui consiste à trouver une formulation suffisamment générale du projet, pour produire une convergence des acteurs concernés, une acceptation de principe de la coopération. Elle s'effectue grâce à un traducteur, qui après avoir analysé le contexte, est reconnu légitime dans le rôle de celui qui problématise. À ce stade, ce n'est pas le contenu du projet qui compte mais la légitimité de celui qui s'en fait l'initiateur ;

- **le point de passage obligé**, qui est un lieu (par exemple, un laboratoire) ou un énoncé qui matérialise la convergence effective des parties en présence ;

- **les porte-parole**, qui démultiplient le discours du traducteur et permettent l'élargissement du réseau initial ;

- **les investissements de forme**, qui constituent « un travail consenti par un acteur-traducteur pour substituer à des entités nombreuses et difficilement manipulables un ensemble d'intermédiaires moins nombreux, plus homogènes et plus faciles à maîtriser et à contrôler ». Ainsi, lorsque les partenaires sont trop nombreux pour un dialogue, il faut créer des mécanismes de sélection pour rendre possible l'expression, *via* des représentants. Lorsque les données sont trop abondantes, il faut effectuer un traitement statistique et pédagogique adéquat...

- **les intermédiaires**, qui représentent tout ce qui circule entre les différentes entités de la situation. Il s'agit aussi bien d'informations que d'objets techniques, d'argent ou d'êtres humains ;

- **l'enrôlement**, qui consiste à définir pour chaque membre du réseau un rôle précis, actif dans la construction du réseau, qui est encore en devenir. De cette répartition devrait découler une forme d'implication dans l'action : la mobilisation ;

---

1. Cf. M. Callon, in B. Latour (éd.), *Ces réseaux que la raison ignore*, Paris, L'Harmattan, 1992.

■ **le rallongement du réseau**, qui vise à consolider le noyau initial. C'est possible à condition que la même démarche se reproduise vis-à-vis des nouveaux actants : porte-parole, enrôlement, mobilisation...

■ **la vigilance**, qui consiste à scruter l'évolution du contexte, après le début de la construction du réseau, pour identifier les menaces, les coalitions contraires, etc.

■ **la transparence**, qui doit être permanente. « L'invariance qui conditionne la confiance entre actants repose sur la visibilisation, la lisibilité, l'intelligibilité de ce qui est mis en œuvre dans, par et pour le réseau »[1].

Ces négociations successives, cette démultiplication des porte-parole, cet effort de mobilisation pour étendre le réseau, de transparence pour le faire durer, exigent des qualités de communication importantes.

L'écoute, condition de la communication

Paradoxalement, pour bien communiquer il faut surtout **savoir écouter**. Pour démontrer cette affirmation, nous identifierons d'abord les attitudes les plus favorables à la communication, puis nous préciserons ce qu'il faut entendre exactement par écoute.

Pour bien communiquer il faut savoir écouter

➡ **Les attitudes favorables à la communication**

Les analyses récentes de la communication ont mis l'accent sur **l'attitude de l'émetteur**, plus importante encore que la clarté du message. Or, les psychologues définissent sept attitudes possibles. Nous emprunterons à Pierre Goguelin l'exemple de la situation suivante : nous rencontrons un ami à la recherche d'un emploi, ennuyé parce que cela fait longtemps qu'il cherche et qu'on lui propose une place sous-payée[1]. Nos réactions peuvent être les suivantes :

■ « À ta place, je ... » ;

---

1. Cf. P. Goguelin, *Le management psychologique des organisations* ESF Éditeur, 1990.

- ou « Je ne comprends pas que tu hésites. » ;

- ou « Je crois que tu dramatises ... » ;

- ou « Ton inactivité te pèse ... » ;

- ou « Es-tu obligé de décider si vite ? ». C'est une attitude d'enquête ;

- ou l'inverse, un apport d'information : « On recrute beaucoup dans telle branche. » ;

- ou une attitude de compréhension : « Tu es perplexe ; tu ressens les avantages pour toi d'accepter ; les inconvénients te paraissent importants ».

Ces attitudes cherchent ou non à influencer autrui. La recherche en psychologie a montré que **les attitudes d'influence sont mal acceptées** par le récepteur, dans 75 % des cas. En revanche, les attitudes d'enquête et de compréhension sont les plus positives pour la communication. Certes, elles semblent plus longues et moins simples que celles qui visent à produire directement un comportement. Elles sont pourtant plus efficaces.

Finalement, nous constatons que l'écoute précède et conditionne le succès de la communication. D'où l'intérêt de préciser ce que nous entendons par ce terme.

⇒ L'écoute systémique

La notion d'écoute peut être comprise dans deux sens différents :

- celui donné par **les psychologues** qui, comme C.R. Rogers[1], parlent d'écoute active. Ils insistent sur les quatre conditions d'une telle attitude : écouter avec intensité, empathie, acceptation et la volonté de rechercher la totalité du sens du discours de l'autre. L'empathie étant « la capacité à entrer dans les chaussures d'autrui ». Cela pour comprendre ce que l'interlocuteur veut communiquer plutôt que ce qu'on a envie de comprendre.

---

1. Cf. C.R. Rogers and R.E. Farson, « Active Listening » Industrial Relations Center of the University of Chicago, 1976.

C'est la notion-clé du succès pour nombre de spécialistes de la conduite du changement[1]. C'est ainsi que P. Casse définit l'empathie comme « l'aptitude à voir et à comprendre comment d'autres personnes construisent la réalité, ou plus exactement, comment ils perçoivent, découvrent et investissent les mondes les plus lointains et les plus proches ».

■ un sens différent est donné à la notion d'écoute par **les systémistes**, représentés par l'école de Palo Alto[2]. Plus modestes que les psychologues, ils récusent l'illusion de comprendre l'individu de l'intérieur. De plus, même si c'était possible, ils s'inscrivent en faux contre l'idée freudienne, selon laquelle prendre conscience des causes du comportement actuel, but de l'écoute active, serait une condition nécessaire et suffisante pour changer. À titre d'illustration, ce n'est pas la compréhension des raisons pour lesquelles je veux imposer mes vues dans les conversations qui m'empêchera forcément de succomber à ce travers. En revanche, si je modifie mon comportement, en apprenant par exemple à ne pas interrompre mes interlocuteurs, j'améliorerai la qualité de ma communication.

Les conséquences en matière d'attitude sont simples. P. Watzlawick cite un exemple éclairant à ce sujet.

*« La réaction habituelle face à une femme qui manifeste un comportement trop protecteur avec son fils est de lui dire :"Ne faites pas cela, il doit se rendre responsable et indépendant". Mais ces propos n'auront pas d'effet car elle ne comprend que **le langage du sacrifice maternel**. En revanche, si je dis :"Madame, je vois que vous avez fait beaucoup de sacrifices pour votre*

---

1. Cf. – P. Casse, *Training for the cross cultural mind*, Washington society for Intercultural Education, 1979.
– D. Kirkpatrick, *How to manage change effectively*, New York, Jossey-Bass, 1985.
– C.A. Carnall, *Managing change in organizations,* New York, Prentice Hall, 1990.
2. Cf. – P. Watzlawick, *Le langage du changement*, Le Seuil, 1980.
– G. Bateson et J. Ruesch, *Communication et société*, Le Seuil, 1988.

enfant, mais je crois que vous allez devoir en faire beaucoup plus", *cette femme peut devenir attentive à mon propos »*[1].

L'interlocuteur ne recherchera donc pas les raisons profondes du comportement de l'autre – attitude classique de la psychologie –. En revanche, il voudra comprendre la dominante de celui-ci pour reformuler son message. C'est tout l'art de la « traduction », qui peut s'appuyer au préalable, dans des cas complexes sur plusieurs échanges utilisant tour à tour l'attitude d'enquête et de reformulation, présentées précédemment.

Finalement, nous sommes passé du schéma linéaire habituel de la communication,

Le récepteur au cœur du schéma interactif de communication

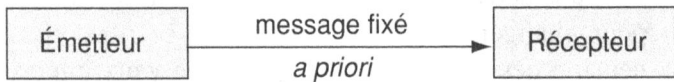

```
┌───────────┐     message fixé      ┌───────────┐
│ Émetteur  │ ──────────────────▶   │ Récepteur │
└───────────┘      a priori         └───────────┘
```

à une **conception interactive** et qui met l'accent sur le récepteur.

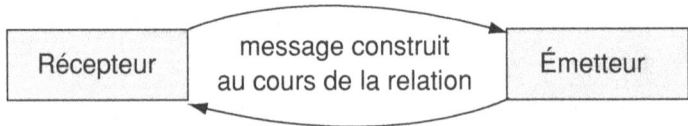

```
┌───────────┐   message construit   ┌───────────┐
│ Récepteur │   au cours de la relation │ Émetteur │
└───────────┘ ◀──────────────────   └───────────┘
```

De la gestion par objectifs à l'affrontement de la complexité

Nous avons pu constater que, contrairement aux idées reçues, le cheminement de l'innovation est quelque peu chaotique. C'est ce que confirment les analyses penchées sur les situations complexes (dont l'innovation est un cas particulier).

Le management traditionnel se fonde sur la définition d'objectifs quantifiés, datés et hiérarchisés, censés servir ensuite de guides pertinents pour l'action (**goal view**). L'observation des entreprises

---

1. Cf. « Rencontre avec Paul Watzlawick », revue *Sciences Humaines*, n° 32, Octobre 1993.

qui ont réussi une adaptation à la conduite de projets complexes montre que, paradoxalement, l'accent est mis sur la façon d'avancer plutôt que sur la destination **(process view).**

⇒ « La complexité, cette imprévisibilité essentielle »

Cette citation de Paul Valéry traduit bien la conséquence essentielle de la complexité, dont nous avons analysé plus haut les facteurs ; les responsables peuvent certes s'appuyer sur quelques variables encore prévisibles (exemple : le volume moyen d'usagers qui seront reçus à l'accueil d'une Caisse de retraite, fonction des données démographiques connues aujourd'hui). Cependant, le fonctionnement quotidien des services peut être bouleversé par un événement aléatoire (exemple : dans le même organisme, un afflux soudain dû à l'angoisse des retraités, suite à l'annonce de la création de fonds de pension).

Plus généralement, « c'est la conception même du temps qui subit plusieurs basculements : du temps discret au temps continu, du temps unique au temps multiple, du temps simple au temps complexe »[1]. Dans la vision traditionnelle, la prévision se déroulait à une date précise, selon un calendrier répétitif chaque année. Dans un monde complexe, **les événements (ou au moins une partie d'entre eux) surviennent de façon imprévue, à intervalle irrégulier. Il faut réagir en continu. Le temps est multiple parce qu'il « croise... en permanence les temps de l'imaginaire, de la prospective, de la prévision, de la décision, de l'action »**[2].

Imprévisibles sont les événements...

Ainsi, le rachat de Nabisco par BSN s'est effectué en un temps record ; c'est le « temps de l'instant ». Pourtant, pour y arriver, il avait fallu une réflexion longue. Comme le dit A.C. Martinet : « BSN ne savait probablement pas quand et à quel prix Nabisco serait à vendre. Il pouvait en revanche savoir ex ante qu'il le serait, apprécier approximativement sa valeur stratégique, voire

---

1. Cf. F. Lacroux, « La stratégie procédurale », Thèse en sciences de gestion, Université d'Aix-Marseille, 1996.
2. Cf. A. C. Martinet, « Stratégie et pensée complexe », *Revue Française de Gestion*, mars-avril-mai 1993.

monétaire, et connaître, entre autres grâce au groupe, le volume possible des fonds levables ».

Finalement, c'est une conception complexe du temps qu'il faut apprivoiser. Avec, en particulier la notion d'**irréversibilité**. « Le caractère irréversible de l'écoulement du temps rend essentiel d'être extrêmement vigilant sur les conséquences irréversibles demain d'actions engagées aujourd'hui »[1]. Quelles conséquences pour la conduite du changement ?

La complexité dans la conduite du changement

Face à cette complexité, le pragmatisme incite à un tâtonnement astucieux, possédant quatre caractères :

- **préférence pour les « petits pas »** plutôt que les « grands bonds en avant ». « Des séquences courtes se succédant rapidement peuvent permettre un changement aussi rapide – et sans doute plus efficace – qu'un changement brusque de stratégies »[2].

- **acceptation de finalités générales** plutôt que définition *a priori* d'une cible rigide (être premier sur le marché fin 2005). Nous avons remarqué un tel point de départ pour nombre de réussites du service public. Ceci est fondé sur l'idée selon laquelle les participants à un processus de décision complexe ont des systèmes de valeurs sur lesquels ils ne peuvent que rarement – sinon jamais – s'accorder. C'est bien le cas des services publics. Dès lors, l'objectif apparaît au cours de l'action. Un groupe se constitue pour améliorer le fonctionnement d'une organisation (finalité générale) et débouche sur la nécessité de se former à l'écoute interindividuelle, par exemple. À l'échelle d'une organisation, existe une « vision », c'est-à-dire un futur attendu dans ses grandes lignes, mais susceptible d'être redéfini en chemin. Cela a été le cas pour le redressement d'Air France ;

---

1. Cf. M.J. Avenier, « La problématique de l'éco-management », *Revue Française de Gestion*, mars-avril-mai 1993.
2. Cf. C.E. Lindblom, *The policy-making process*, Prentice Hall, 1968.

- **adoption d'un horizon limité**. Étant donné l'incertitude et le caractère irréversible du temps, il vaut mieux éviter un engagement de ressources à trop longue échéance (exemple de Saint-Gobain, contrainte de se désengager d'une usine ultramoderne, en raison de l'apparition d'une innovation technologique). Cette caractéristique est cohérente avec des avancées « à petits pas ». Elle peut se traduire par « un management par grandes lignes ».

  « Tous les ans chez Komatsu (entreprise japonaise de fabrication de matériel de travaux publics), le président énonçait, après avoir amplement sondé ses collaborateurs, le défi à relever en priorité. Une année, ce fut l'amélioration de la qualité ; l'année suivante, le groupe rechercha l'expansion internationale, puis le développement des gammes de produit ... »[1]

- **préservation de ressources pour l'innovation**. L'adaptation à la complexité passe par la créativité, consommatrice de ressources supplémentaires qui doivent avoir été prévues. Nous avons cité le cas de ces projets de changement dans les services publics, morts d'avoir été surajoutés à la charge de travail quotidienne. En allant plus loin, il faut insister sur l'idée que la création ne va pas sans un certain gâchis. D'ailleurs, **le statut de l'erreur** est révélateur de la propension des organisations à innover. Dans les organisations bureaucratiques, le terme est synonyme de faute, il est presque tabou. Dans celles qui inventent et apprennent au quotidien, elle est normale et même recherchée. Des structures spécialisés (les « attackers »), traquent les erreurs liées aux décisions des groupes dirigeants, si possible avant que ces dernières ne parviennent au stade opérationnel !

  Pas d'innovation sans droit à l'erreur

➡ Un cas réel : la gestion des grands projets

Dans les années 70, les grandes entreprises de BTP et d'ingénierie suivaient les maximes de la gestion anglo-saxonne :

---

1. Cf. G. Hamel et C. K. Prahalad, *La conquête du futur*, InterÉditions, 1995.

- sophistication des outils de gestion (PERT-cost, logiciels, etc.) ;
- standardisation des procédures pour tous les projets, quelle que soit leur nature ;
- organisation identique pour toute la durée du projet.

À la suite des déboires rencontrés, certaines d'entre elles – dont Spie-Batignolles – démontrèrent que lorsque la part d'inconnu est grande, il fallait gérer les grands projets (valeur supérieure à 50 millions de dollars) sur « la base d'un **nombre réduit de critères** permettant à chaque projet de s'auto-organiser »[1]. Cette auto-organisation s'inscrit dans un cadre global, enrichi par l'expérience. Il est défini par 17 méta-règles (règles produisant des règles, comme la constitution encadre la création des lois).

Ces méta-règles concernent d'une part l'organisation du projet et d'autre part, sa gestion. Leurs principaux aspects sont les suivants :

- en ce qui concerne l'organisation, **l'autonomie du directeur de projet** est très grande : il choisit ses collaborateurs et reçoit une très large délégation de pouvoirs, tout en rendant périodiquement compte à la direction générale. Par ailleurs, les procédures sont établies par l'équipe de projet, mais **une activité peut démarrer sans procédure** « et établir celle-ci à partir de l'expérience acquise » ;
- pour ce qui touche à la gestion, l'analyse d'une centaine de projets a montré que, contrairement aux idées reçues, l'usage d'outils sophistiqués n'est pas déterminant pour le succès des projets. En revanche, **la gestion des ressources humaines est capitale** ; « elle s'appuie sur une communication forte, une politique basée sur la transparence, la confiance, le droit à l'erreur et l'exemplarité des responsables ». Ce qui nous amène à évoquer les aspects psychologiques du changement.

---

1. Cf. F. Jolivet et C. Navarre, « Grands projets, auto-organisation, méta-règles : vers de nouvelles formes de management des grands projets », revue *Gestion 2000*, n° 2, 1993.

EN RÉSUMÉ

L'innovation est loin de se dérouler dans une logique linéaire, programmable avec précision. Son cheminement chaotique doit inciter à la modestie. Pour la faciliter, traduire le projet central dans les préoccupations des divers acteurs s'avère être une clé de succès. En avançant, les projets traduits font progresser le projet majeur. Cette capacité à traduire exige des qualités d'écoute qui, sans avoir la prétention d'entrer dans la tête de l'autre (comme le postule la recherche de motivations), conduisent à identifier les dominantes dans le comportement de l'interlocuteur.

Pour espérer orienter ce processus complexe dans le bon sens, les recommandations de la gestion de la complexité sont les suivantes :

- préférer les « petits pas » aux grands bonds en avant, dans les ambitions ;
- adopter un horizon limité ; nous conseillons souvent le semestre comme période d'expérimentation ;
- accepter des finalités générales plutôt que des objectifs datés, hiérarchisés et quantifiés ;
- préserver des ressources pour l'innovation et notamment accepter le gâchis que représentent les expérimentations qui n'aboutiront pas. C'est la condition de trouver dans d'autres des solutions vraiment innovantes.

LES APPORTS DE LA PSYCHOLOGIE

Les découvertes psychologiques sur le comportement des acteurs face aux nouvelles idées, confortent et affinent les connaissances apportées jusqu'à présent. Pour nous, elles touchent trois thèmes principaux :

- la complexité et la confiance ;
- le besoin de reconnaissance ;
- l'engagement dans le changement.

La complexité et la confiance

Les recherches les plus récentes montrent que plus le problème est complexe, plus la confiance entre les membres de l'équipe-projet s'avère décisive pour le résoudre. En effet, qu'est-ce qui caractérise un système complexe ? C'est qu'« une seule représentation ne peut plus décrire de façon satisfaisante le système »[1]. C'est une situation fréquente dans les services publics où les parties prenantes sont multiples : usagers, citoyens aux opinions politiques différentes, élus locaux, nationaux, européens, etc.

Dès lors, le manager cesse d'être tout-puissant. S'il reste bien sûr décideur, il n'en dépend pas moins de l'attitude coopérative de l'équipe projet. Ensemble, ils devront **construire en commun une représentation**, elle-même complexe de cette réalité, en renonçant au bon vieux réflexe consistant à vouloir simplifier le problème à l'excès.

À réalité complexe, représentation complexe à construire en commun

Cette confiance ne s'appuie pas sur le laxisme ou la naïveté. Elle suppose au contraire de bonnes capacités d'organisation, conduisant notamment à :

- s'entendre sur la répartition des tâches, en les réajustant si la situation l'exige ;
- avoir réuni les moyens techniques et financiers nécessaires ;
- avoir choisi les membres du groupe en fonction de leur compétence réelle ;
- imaginer les trahisons possibles, afin de s'en prémunir.

---

1. Cf. G. Le Cardinal, J-F. Guyonnet, B. Pouzoullic : *La dynamique de la confiance*, Dunod, 1997.

La création de la confiance dans les groupes de travail

Lorsqu'un groupe est formé pour résoudre un problème ou imaginer des outils de gestion dans un service public, nous utilisons les règles suivantes pour contribuer à forger la confiance :

■ constitution sur la base du volontariat ;

■ anonymat des opinions exprimées dans les comptes rendus ;

■ communication de ces comptes rendus au groupe d'abord, avec possibilité de veto sur une idée exprimée par l'un des membres, même sous forme anonyme. Cette précaution nous a permis par exemple, d'entendre au sein du groupe la présentation d'expérimentations réalisées sur un site, qu'on ne souhaitait pas faire connaître au niveau national à ce moment-là.

■ communication du rapport final au groupe avec droit de veto sur des idées ou des opinions apportées par un des membres.

Cette démarche nous a fait aboutir à des résultats qu'on n'avait pas pu « sortir » jusque-là, comme par exemple, des évaluations de coût comparant différents sites régionaux.

Cette démarche consiste fondamentalement à reconnaître sincèrement l'autre, notamment en acceptant sa représentation de la situation, différente de la nôtre.

La reconnaissance au travail

En échange de leur contribution, les membres d'une organisation attendent une rétribution. Mais, contrairement aux idées reçues, celle-ci est **avant tout symbolique** ; c'est la reconnaissance. Un exemple : les infirmières, dont le salaire est faible, mais qui disposent d'une forte reconnaissance sociale, peuvent s'investir très profondément dans leur travail.

La reconnaissance est la rétribution symbolique du travail

Selon Christophe Dejours, professeur de psychologie du travail au Cnam, la reconnaissance passe par deux grandes formes de jugement[1] :

■ le jugement sur **l'utilité** du service rendu par l'individu, qui peut être d'ordre technique, économique ou social. Ce sont bien sûr les supérieurs hiérarchiques qui peuvent émettre une telle opinion, mais le jugement des subordonnés et des pairs compte aussi.

■ le jugement de **beauté**, qui confirme que le travail accompli respecte les règles, que les solutions trouvées sont simples, dépouillées. Il comporte lui-même deux niveaux :

   – le niveau de **conformité aux règles de l'art** : « Ça, c'est du beau boulot ! ». On est reconnu par les pairs, admis dans le cercle. Bref, la solitude est rompue. Lorsque ce niveau est acquis, un deuxième niveau peut être atteint ;

   – le niveau d'**originalité**, ce qui fait qu'on reconnaît le style de quelqu'un, le « plus ». On accède alors à l'identité, ce par quoi je ne suis à nul autre pareil.

Dans le domaine du travail, la reconnaissance porte donc d'abord sur le faire et ensuite peut être rapatriée sur l'être. Ce qui dans une situation professionnelle de groupe de travail facilite les choses.

La théorie de l'engagement individuel

Enfin, il semble intéressant de connaître comment les individus s'engagent dans une action, surtout lorsque les études psychologiques démontrent le contraire de ce que l'on pense habituellement. En effet, dans notre pays où la raison, depuis Descartes, est érigée en valeur culturelle, nous avons tendance à penser que pour faire changer d'idée, il faut recourir à l'argumentation, à la persuasion. Si cette attitude peut avoir quelque résultat, une seconde conception a prouvé une efficacité bien plus grande. Elle consiste

---

1. Cf. C. Dejours : *Travail, usure mentale*, Bayard éditions, 2000.

à penser que l'homme agit et pense **en fonction de ses actes anté-rieurs**[1]. Pour amener une personne à agir comme on le souhaite, il convient donc d'obtenir d'elle un acte la prédisposant à faire ce qu'on attend d'elle.

C'est K. Lewin qui découvrit cet « effet de gel » des comporte-ments. Pour favoriser l'utilisation des abats par les ménagères américaines pendant la guerre, il employa trois méthodes visant trois ensembles de participants différents : conférence animée par des experts reconnus, petits groupes de discussion recevant des informations sur l'intérêt économique et nutritionnel de cette con-sommation et enfin, réalisation de recettes en groupe, avec les conseils d'un chef. Conséquence : 32 % des ménagères du troi-sième groupe en servirent chez elles dans la semaine suivante, contre seulement 3 % de celles qui avaient assisté à la conférence. Conclusion : « L'**effet de gel** est dû à la tendance de l'individu à adhérer à sa décision et en partie à son engagement vis-à-vis du groupe ». Le changement est imputable à l'acte même de décision et non pas aux raisons qui ont pu le conduire à décider. Il faut donc que l'individu **se sente libre** de décider. Par ailleurs, il est plus facile de le faire évoluer en l'impliquant au sein d'un groupe ; ce qui justifie l'importance des développements que nous avons con-sacrés à la sociologie, discipline privilégiant l'analyse des com-portements en collectivité.

Lorsqu'un comportement paraît difficile à obtenir, il peut être astucieux de provoquer un premier « pied dans la porte » (réponse à un bref questionnaire, participation volontaire à une réunion sans enjeu, etc.). Ajoutons que ces considérations psychologiques sont tout à fait cohérentes avec les développements relatifs à la complexité. En effet, nous avons vu que dans ce type de situation, il était plus important d'**avancer ensemble** (registre de l'action) que d'avoir soigneusement défini des objectifs de toute façon irréalistes (registre de la raison).

L'homme agit et pense en fonction de ses actes antérieurs

---

1. Cf. R.V. Joule et J. L. Beauvais : *La soumission librement consentie*, PUF, 1999.

EN RÉSUMÉ

Les apports de la psychologie viennent conforter ou prolonger les connaissances décrites antérieurement :

Pour affronter des situations complexes, la confiance doit régner au sein de l'équipe responsable. Ce qui d'une part se construit dans le temps et d'autre part ne suppose aucune naïveté ;

Cette confiance s'appuie d'abord sur la reconnaissance de l'autre, qui se construit d'abord dans le faire ; ce qui rejoint un deuxième message de l'affrontement des situations complexes : « Avançons ensemble d'abord ! »

Privilégier l'action, c'est aussi par des actions modestes (réunions d'information, questionnaires courts, etc.) engager l'autre dans la voie du changement. Car l'engagement individuel s'appuie sur les actes antérieurs. À condition de l'avoir déclaré libre de participer. Ce qui rejoint à nouveau la reconnaissance…

Quelles implications pour le manager public confronté au changement ?

Susciter le changement, c'est principalement arriver à enrôler les acteurs concernés dans cette perspective. Cela ne passe pas par de beaux discours ou des plaquettes sur papier glacé, mais par un travail besogneux, avec des retours en arrière, des échecs, etc. Pour espérer y parvenir, il faut traduire le projet dans les préoccupations des divers acteurs et surtout, avancer ensemble, dès que les premières orientations ont fait l'objet d'un accord. Pour connaître véritablement les préoccupations des acteurs, il faut développer une écoute impliquant une véritable reconnaissance de l'autre.

Par ailleurs, la gestion de la complexité nous apporte des conseils très utiles :

- préférer les « petits pas » aux grands bonds en avant ;
- adopter un horizon limité (six mois, par exemple) ;
- démarrer sur des finalités générales (essayons d'améliorer tel processus !) plutôt que d'attendre d'avoir fixé des objectifs datés, hiérarchisés et quantifiés ;
- préserver des ressources pour l'innovation, en sachant que toutes les expérimentations n'aboutiront pas forcément.

En **synthèse** de cette seconde partie, nous pouvons préciser les étapes que nous proposons pour espérer faire aboutir un changement significatif dans un service public.

1. Définition d'un projet modeste*, à horizon limité, à finalité fédératrice, avec un budget-temps et moyens adéquats

↓

2. Analyse du contexte externe et interne**

↓

3. Analyse technique des processus mis en jeu

↓

4. Identification des zones d'incertitude dans ces processus

↓

5. Recensement des acteurs

↓

6. Définition de leurs ressources, projet professionnel et identité politique

↓

7. Anticipation des enjeux, des stratégies vraisemblables et des parades

↓

8. Début de l'enrôlement auprès des acteurs les plus favorables

↓

9. Extension du réseau, en modifiant l'idée initiale si nécessaire, voire en créant des projets traduits

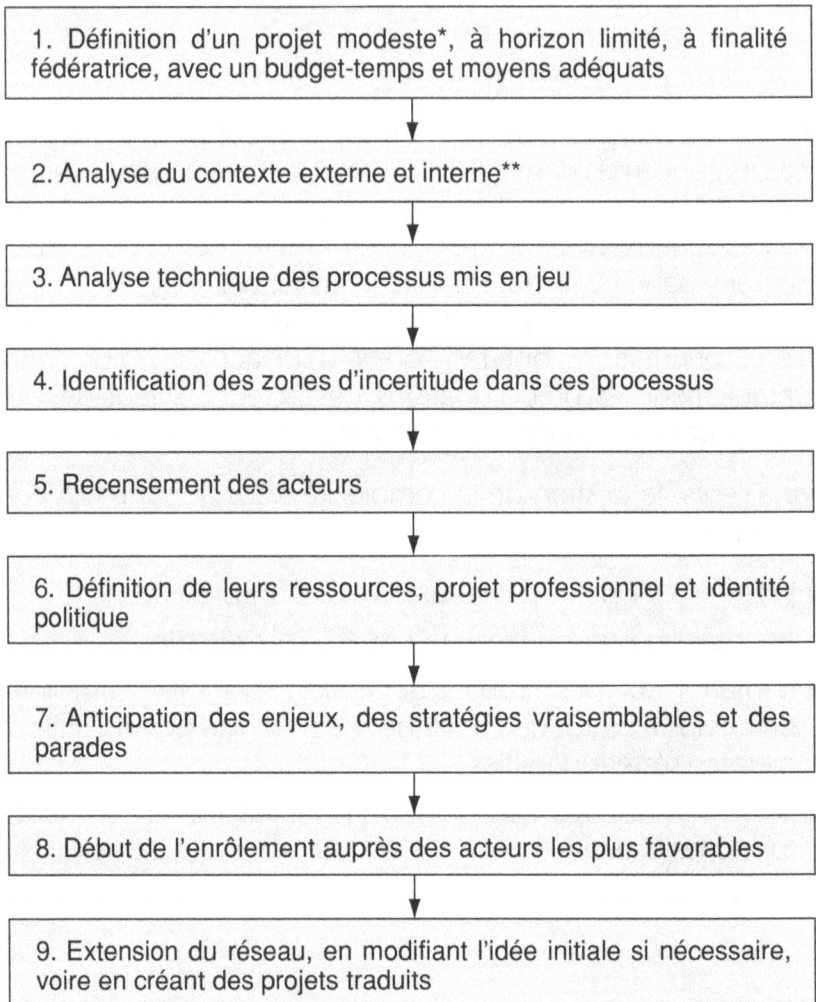

* Un projet modeste à court terme n'empêche pas une vision ambitieuse à long terme.

** L'identification d'une opportunité du contexte peut très bien donner l'idée d'un projet de changement ayant ainsi de meilleures chances de succès.

De manière plus générale, les étapes ci-dessus ne doivent pas être parcourues en suivant mécaniquement l'ordre indiqué. Ainsi, l'analyse du contexte permet souvent de recenser déjà des acteurs importants ; ce recensement implique souvent des aller et retour, etc. Ce qui compte, c'est de n'oublier aucun des thèmes d'analyse cités. Nous verrons justement dans les applications détaillées de la troisième partie les adaptations faites à l'enchaînement des étapes.

Troisième partie

Les études de cas

Dans cette partie, nous commencerons par illustrer de façon détaillée la méthode que nous avons proposé d'utiliser à la fin de la partie précédente. Le cas réel faisant l'objet de cette présentation porte sur l'absentéisme dans une mairie de taille importante (près de mille salariés). Le lecteur constatera qu'il est à cheval entre contrôle de gestion (construction de tableaux de bord) et gestion des ressources humaines (définition de politique de GRH). Ce qui en fait son intérêt.

Une fois cette étude décrite, nous pourrons évoquer deux autres cas de manière plus résumée, en nous appesantissant néanmoins sur les points clés susceptibles de permettre au lecteur de transposer des éléments méthodologiques dans la situation qu'il affronte. Nous avons choisi pour ces deux cas supplémentaires, des projets de changement en apparence aux antipodes :

➡ *l'élaboration collective d'un projet d'établisse-ment qui,* a priori, *a pour but une mobilisation consensuelle du personnel ;*

➡ *le rétablissement financier d'un établissement public en difficulté du même réseau national de service public, situé dans une autre région. Ceci, pour démontrer que notre démarche peut s'appliquer au même type de cas dans des situations radicalement différentes.*

Enfin, nous terminerons l'ouvrage en proposant une démarche globale applicable à la conduite du changement lorsqu'elle veut toucher l'ensemble d'un grand service public, d'envergure nationale (plusieurs milliers de salariés). Elle intègre naturellement la méthode exposée jusqu'ici.

5

Étude sur l'absentéisme municipal

(Le travail de terrain présenté ci-après a été réalisé par Emmanuel EVAH-MANGA, spécialiste du contrôle de gestion dans les collectivités locales.)

La présentation d'une étude de cas sur le changement relève du défi puisque la structure du texte le décrivant est forcément linéaire, alors que le phénomène, lui, est tourbillonnaire, comme nous l'avons déjà souligné. Autrement dit, les étapes que nous avons identifiées à la fin de notre deuxième partie sont souvent menées sur le terrain, en partie, en parallèle. Ainsi, on va approcher les premiers acteurs pour collecter de la documentation sur le contexte, mais ce faisant, on essaie souvent déjà d'identifier leurs caractéristiques (phase du diagnostic), voire de les enrôler (phase du lancement du changement).

Pour rendre compte le mieux possible de cette intrication, nous présenterons dans un premier temps successivement l'analyse du contexte, puis celle du processus et enfin, celle des acteurs. Dans un deuxième temps, nous tenterons de restituer le plus fidèlement possible la chronologie complète du changement, en reprenant les neuf étapes que nous recommandions en fin de deuxième partie.

Pour alléger la présentation, nous avons renvoyé chaque fois que nécessaire, le détail complet des analyses et événements en annexe.

La commune, dans laquelle se déroule le cas, fait partie des villes françaises dites nouvelles et attire par conséquent les populations du reste du département. Elle est, par ailleurs, l'une des composantes de la communauté de communes nouvellement créée dans la Région, avec six autres communes avoisinantes. Le porteur de changement est le contrôleur de gestion, nouvellement recruté dans cette mairie.

L'ANALYSE DU CONTEXTE D'UNE MUNICIPALITÉ

Nous présenterons d'abord l'analyse du contexte propre à la commune étudiée, puis au cas considéré.

Les trois points clés du contexte municipal

Nous distinguerons trois points-clés d'analyse : la situation par rapport au déroulement du mandat, la répartition politique des portefeuilles et l'appétit de changement du maire.

⇒ **La position chronologique dans le mandat**

Le gouvernement de cette mairie en est au début de son deuxième mandat électoral. Lors de son premier mandat, la ville a réalisé des investissements d'envergure, pour faire face à la poussée démographique. En effet, elle a enregistré en quelques années un afflux de population, provenant de la plus grande ville voisine de la région. Ce mouvement d'expansion urbaine générait, en outre, des problèmes de suburbanisation. Ainsi, par exemple, 8 zones industrielles ont été construites, 8 maisons de quartier et centres sociaux, puis d'autres équipements collectifs.

Dans ce deuxième mandat, la volonté politique affichée s'oriente vers une dynamique nouvelle : donner la « priorité à la qualité par rapport à la quantité », en relevant trois défis essentiels :

■ le ralentissement de la croissance démographique ;

■ le renforcement de la solidarité ;

■ le développement de la politique intercommunale.

⇒ **La répartition politique des portefeuilles**

Pour atteindre ses objectifs la municipalité PS a dû composer avec des coalitions diverses de gauche. Nous présentons dans le tableau ci-dessous les différents groupes politiques de la gouvernance municipale.

Les groupes politiques au sein du conseil municipal

Groupes politiques	Nombre d'élus
La majorité municipale	
PS et Apparentés	17
PC	5
Verts	3
Carrefour 13	2
Radical	2
Total majorité municipale	29
L'opposition municipale	
FN	8
UDF / RPR	2
Total opposition municipale	10
Total général	39

On constate dans ce tableau que le groupe « PS et Apparentés » reste majoritaire, avec dix sept élus. Le conseil municipal est donc composé de trente-neuf membres (l'équipe majoritaire a subi quelques modifications mineures par rapport à celle du premier mandat), dont l'opposition municipale. La typologie des membres du conseil municipal est la suivante :

- le maire, conseiller général et vice-président de la communauté des communes.
- les adjoints, qui ont reçu certains pouvoirs de la part du maire, dans des domaines particuliers de l'action communale. Le maire a nommé des adjoints spéciaux, compte tenu des accords pré -électoraux négociés avec les alliés politiques.
- les conseillers municipaux, dont ceux de l'opposition municipale.

Nous présentons ci-après le schéma d'ensemble :

Extrait d'organigramme de la hiérarchie politique municipale

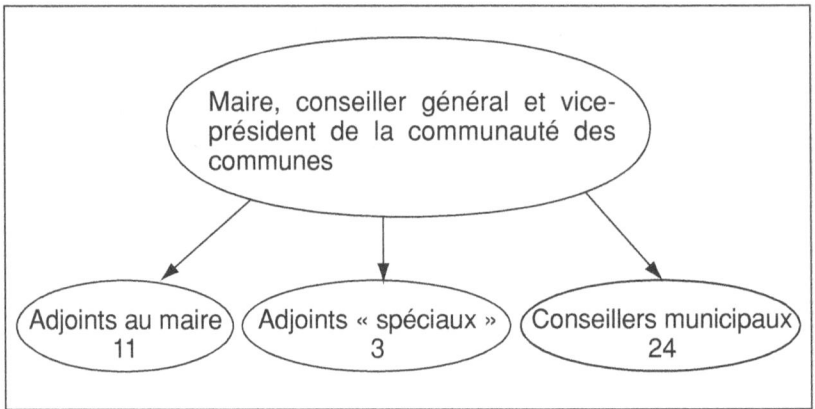

Par ailleurs, sept commissions municipales ont été créées et fonctionnent au sein de l'exécutif. C'est le cas, par exemple de la commission « environnement, démocratie locale », de la commission « personnel municipal et relations avec les organisations syndicales », etc. Par ailleurs, les présidents de commission sont soit des adjoints, soit des conseillers municipaux.

La structure municipale est composée de deux hiérarchies parallèles :

■ d'abord, une hiérarchie **politique** : au premier niveau, c'est-à-dire le sommet stratégico-politique, on retrouve le maire avec son cabinet politique, issu de la plus grande famille politique en présence (voir supra), et détenant l'ensemble des pouvoirs. Ce dernier dispose par ailleurs, d'un cabinet politique avec des collaborateurs ayant la possibilité d'effectuer des filtrages d'informations. Au deuxième niveau, se situent les adjoints représentant les différentes sensibilités politiques de la majorité municipale, détenant des pouvoirs formels par délégation du maire. Au troisième niveau, on retrouve les conseillers municipaux, qui ne disposent pas véritablement de pouvoir (de décision) formel, car ils doivent soumettre leurs propositions aux adjoints qui sont leurs supérieurs hiérarchiques. En effet, le système en place fonctionne dans la logique de personnalisation des portefeuilles. On constate que chaque groupe détient un certain nombre de portefeuilles d'activité négociés et obtenus préalablement pendant la période préélectorale. Par exemple, le portefeuille d'activité de la sécurité appartient au PS, celui des sports au PC, celui de la culture à un apparenté PS, celui de l'environnement aux Verts, etc.

■ ensuite, une hiérarchie **managériale** dont l'organigramme est fait de sept niveaux hiérarchiques (agent – unité – maîtrise – service – direction – DGA – DGAS – DGS)[1]. Au niveau du sommet stratégique[2], on retrouve le DGS, qui s'appuie sur quatre DGA partageant forcément l'identité politique de gauche PS du maire. Par conséquent, ces derniers ont pour mission de superviser les directions fonctionnelles et les directions opérationnelles, c'est-à-dire la technostructure, la ligne hiérarchique et les fonctions logistiques.

---

1. DGA : Direction Générale Adjointe – DGAS : Direction Générale Adjointe des Services – DGS : Direction Générale des Services.
2. voir H.Mintzberg, *Structure et dynamique des organisations*, Éditions d'Organisation., 1982, P 35 s. rappelons que l'auteur décrit les cinq parties de base d'une organisation : le centre opérationnel, la ligne hiérarchique, le sommet stratégique, la technostructure, les fonctions de support logistique.

Extrait d'organigramme managérial au sein de la mairie

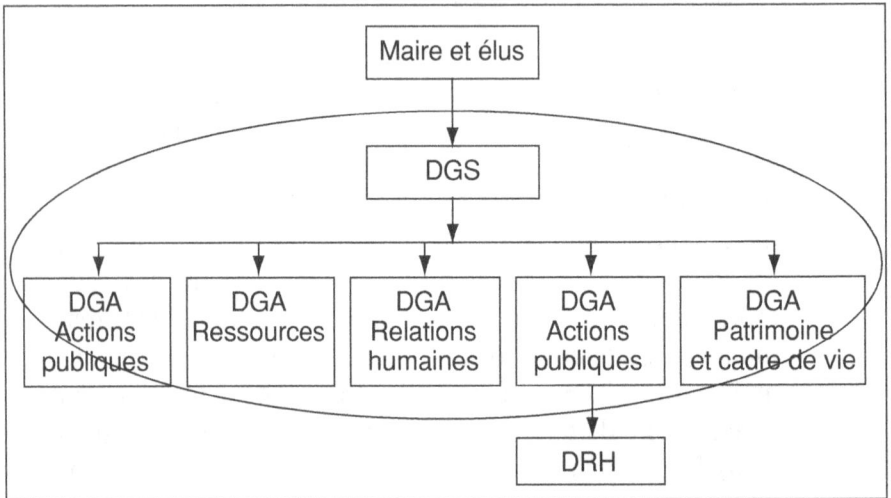

La partie entourée correspond aux membres de la direction générale.

Finalement, nous sommes en présence d'une organisation à complexité multiple, hiérarchique avec six niveaux décisionnels au niveau du management, centralisée de manière verticale (avec toutefois une décentralisation horizontale aux niveaux des directions fonctionnelles), fortement réglementée et pyramidale pour exercer des tâches en cascade.

Cette rencontre entre deux configurations explique souvent un certain nombre de conflits au sein de la mairie. Notamment, la confusion des rôles entre les acteurs de la politique et les acteurs du management. Dans la mesure où, d'un côté un certain nombre d'élus se transforment en chefs de service au sein de leur portefeuille d'activité, les agents reçoivent des ordres de plusieurs chefs sur un problème donné, et cela génère des conflits entre élus et fonctionnaires qui ne se sentent plus dans leur rôle d'experts auprès de l'exécutif pour préparer de manière administrative les décisions internes à caractère managérial ou politique. De l'autre côté, un certain nombre d'agents (technocrates) prennent des décisions en lieu et place des élus, ils deviennent alors des « politiques » sans aucune légitimité octroyée démocratiquement par les citoyens, et concurrencent de ce fait les élus dans le système décisionnel. On assiste alors à une dérive du système due à la « politisation fonctionnelle » et à la « technocratie municipale »[1].

➡ Le maire : acteur du changement

Acteur bâtisseur dans son premier mandat (voir supra), le maire a commandé un audit de fonctionnement de la structure à un cabinet de consultants. Ce dernier fait part d'un certain nombre d'insuffisances managériales (par exemple, l'absence d'outils de pilotage modernes, et l'existence d'un management déficient), auxquelles le maire doit apporter des réponses, s'il veut relever les défis précédents. Aussi, le premier magistrat de la ville a-t-il engagé un plan de modernisation des services municipaux, et recruté un nouveau directeur général, pour mettre en place des méthodes et une organisation modernisées.

En somme, le maire est un acteur du changement (il est sur le terrain pour impulser la dynamique, par exemple l'animation de réunions avec les services et la population, dans le cadre du contrat de ville), plus sûr de lui puisqu'il en est à son deuxième mandat, les yeux rivés néanmoins vers les prochaines élections municipales, qui auront lieu dans quatre ans et demi.

Le contexte propre au problème posé

S'il est constaté que le service du personnel assure correctement l'administration du personnel, en revanche la dimension « gestion des ressources humaines » laisse à désirer. Les entretiens de terrain ont permis de mettre en lumière des situations de dysfonctionnements :

■ difficultés à faire coexister les agents de statut territorial, avec des agents soumis au contrat de travail du privé. En effet la typologie du personnel sur le terrain est la suivante : titulaires, stagiaires, personnel mis à disposition auprès des organismes

---

1. Dion S. *La politisation des mairies*, Economica, 1986.

satellites, auxiliaires, contractuels, vacataires, saisonniers, contrat emploi-solidarité, contrat-ville, contrat-emploi consolidé, emplois-jeunes ;

■ absence d'un système de contrôle, c'est-à-dire de visites systématiques par les médecins assermentés dans les domiciles des agents en congé maladie ;

■ outil informatique déficient ;

■ comptabilisation des absences avec décalage ;

■ absentéisme réel de la mairie non connu et diffus ;

■ absence d'outils de mesure permettant de connaître le climat social interne en mairie, au sein des services ;

■ systèmes de mesure des absences hétérogènes par services. Ces comportements rendaient les données sur l'absentéisme global de la mairie peu fiables.

Le DGS souhaite donc mettre en place des outils de pilotage, pour une meilleure connaissance du comportement des agents dans les services. Il souhaite un système de mesure accepté et partagé par tous au sein de la mairie (de la base opérationnelle jusqu'à la direction générale), afin de s'attaquer aux causes de l'absentéisme, en vue de le réduire.

Le schéma ci-après nous présente le positionnement hiérarchique de la DRH et donc le contexte organisationnel du problème.

```
                    ┌──────────────────────┐  ┐
                    │        Maire         │  │
                    └──────────┬───────────┘  │
                               ↓              ├  Niveau Politique
                    ┌──────────────────────┐  │
                    │ Élu, Adjoint au personnel │  │
                    └──────────┬───────────┘  ┘
                               ↓
                    ┌──────────────────────┐
                    │         DGS          │
                    └──────────┬───────────┘       Niveau Management
                               ↓
                    ┌──────────────────────┐
                    │     DG Relations     │
                    │      Humaines        │
                    └──────────────────────┘
                      ↙        │        ↘
        ╭──────────────╮       │       ╭──────────────╮
        │ Communication │      │      │ Communication │
        │   interne     │      │      │   interne     │
        ╰──────────────╯       │       ╰──────────────╯
                               ↓
                    ┌──────────────────────┐
                    │         DRH          │
                    └──────────────────────┘
                   ↙           │           ↘
        ╭──────────╮    ╭──────────╮    ╭──────────────╮
        │ Service  │    │ Service  │    │   Service     │
        │ congés   │    │  paye    │    │ des carrières │
        ╰──────────╯    ╰──────────╯    ╰──────────────╯
```

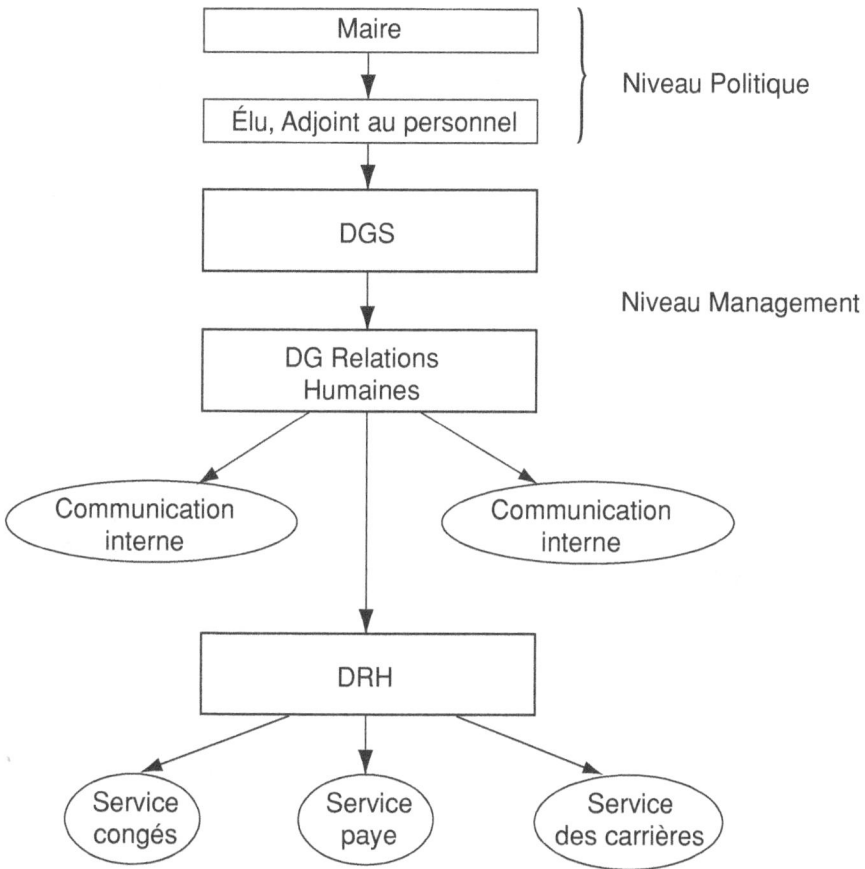

À noter que le service formation était initialement rattaché au DRH, avant l'arrivée du DG Relations Humaines. En outre, les missions dévolues à la DRH sont la gestion des congés, de la paye et celle des carrières des agents. Enfin l'effectif global dans ce secteur est de 17,5 agents en équivalent temps plein.

LE DIAGNOSTIC PRÉALABLE AU CHANGEMENT

Nous commencerons l'analyse comme indiqué dans la méthode exposée en fin de deuxième partie, c'est-à-dire en identifiant le processus à l'œuvre, puis les acteurs concernés et enfin, les enjeux du changement et les stratégies probables qu'ils pourraient mener.

Le processus

Traitement des absences

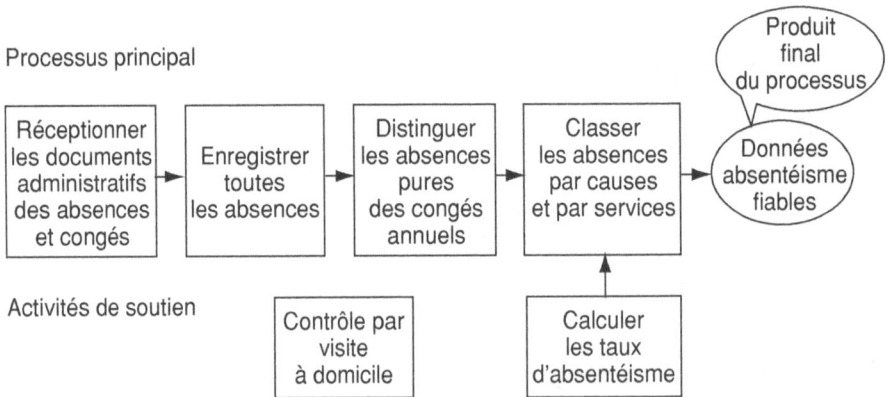

Processus principal

| Réceptionner les documents administratifs des absences et congés | → | Enregistrer toutes les absences | → | Distinguer les absences pures des congés annuels | → | Classer les absences par causes et par services | → | Données absentéisme fiables |

Produit final du processus

Activités de soutien

| Contrôle par visite à domicile | | Calculer les taux d'absentéisme |

NB : le classement des absences s'effectue en jours d'absences, en distinguant les jours calendaires des jours ouvrés.

Les incertitudes par rapport au produit final du processus sont les suivantes:

■ techniques : outil informatique déficient ;

■ organisationnelles : – mesures hétérogènes selon les services (exemple : absences pour congés annuels intégrées parfois dans le calcul de l'absentéisme) ;
– toutes les absences ne sont pas prises en compte.

■ socio-culturelles : langage commun inexistant.

Les acteurs, leurs ressources et identités[1]

Dans ce paragraphe, nous recenserons d'abord les acteurs concernés, ensuite nous procèderons à une analyse des ressources dont ils disposent, ainsi que des identités professionnelles et politiques qui leur sont propres ; enfin nous présenterons les enjeux des différents acteurs face au changement.

➡ **Recensement des acteurs**

1° Une liste initiale a été établie par l'intervenant (contrôleur de gestion) à la suite des premiers entretiens. Elle recense les acteurs suivants :

- DGS
- DG Relations humaines
- DG Actions publiques
- DG Ressources
- DG Patrimoine et cadre de vie
- Directeur du personnel
- Chef de service congés
- Chef de service paye
- Chef de service des carrières
- Contrôleur de gestion
- Agents opérationnels
- Adjoint délégué au personnel

2° Une simplification est ensuite effectuée, suite aux entrevues avec les différents acteurs. Certains d'entre eux partageant les mêmes enjeux sont classés dans le même groupe d'acteurs.

---

1. Le détail de l'analyse des ressources et identités par acteur figure en annexe 1.

Liste définitive des acteurs retenus

Décideurs managériaux :

■ DGS
■ DG Relations humaines
■ DG Actions publiques
■ DG Ressources
■ DG Patrimoine et cadre de vie

Responsable de mission :

■ Contrôleur de gestion

Acteurs clés : ceux qui sont au centre du problème quotidien – ils sont solidaires sur les enjeux et les problèmes : ici, il s'agit principalement de l'encadrement : directeur de service et chefs de services de la DRH

Acteurs cibles : sont ceux qui subissent ou qui en bénéficient du problème

■ les agents opérationnels

Acteurs relais : ceux qui sont susceptibles de faire passer l'information

■ les correspondants contrôle de gestion (une vingtaine dans toute la mairie)
■ le directeur du Centre Technique Municipal

Acteurs syndicaux : participent au Comité Technique Paritaire, pour examiner les grands dossiers comme par exemple : l'organisation générale, les conditions générales de fonctionnement des services municipaux, etc.

■ CGT
■ CFDT

Acteurs politiques : ceux qui constituent l'exécutif municipal et qui détiennent le pouvoir de décision

■ Maire
■ Élu, adjoint au personnel

NB : ce tableau est dressé certes avant le lancement du changement, mais s'enrichit lors du déroulement de l'action. Ainsi, comme on le verra dans la description de la dynamique du changement, le réseau des « correspondants contrôle de gestion » n'existait pas au début du projet. Ces aller et retour entre les divers outils présentés soulignent encore la dimension

« tourbillonnaire » et chaotique du changement, qu'il faut accepter, sous peine d'échec.

Les acteurs ne figurant pas sur ce tableau n'ont pas d'influence significative sur le problème.

➡ **Analyse des caractéristiques des acteurs**

Cette analyse suit le contenu technique présenté en deuxième partie. Nous ne la présentons que pour le premier acteur identifié, le détail complet de la grille figurant en annexe 1.

Acteurs	Ressources				Identité	
	Savoir	Contrôle des règles	Contrôle de l'information	Contrôle des moyens	Professionnelle	Politique
DGS et membres de la DG	Important, vu leur poste	Important : fixation et interprétation	Moyen : information diffuse et bloquée aux niveaux inférieurs	Important, vu leur poste	Progressistes dans leur ensemble ; font partie de la nouvelle équipe managériale au lendemain des élections municipales	PS

Les enjeux du changement et les stratégies probables[1]

Dans cette étape, nous nous proposons d'analyser les enjeux des acteurs à travers une grille. Pour cela nous commençons par rappeler le résumé de l'analyse précédente pour chaque acteur, car elle éclaire les stratégies probables, face au changement envisagé. Cette anticipation des comportements permet de définir des stratégies *a priori* fécondes pour le porteur du changement. Elles apparaissent dans la dernière colonne de droite de chaque tableau qui suit le résumé.

---

1. Le détail complet de l'analyse des enjeux et stratégies probables pour chaque acteur figure en annexe 2.

NB : pour alléger la présentation, nous n'avons retenu dans le corps du texte qui suit que le cas du DGS et des membres de la DG, renvoyant les autres analyses en annexe 2.

le DGS et les membres de la DG (sauf DG Relations Humaines)

Caractéristiques

- savoir sur le problème : +++
- contrôle des règles : +++
- contrôle de l'information : ++
- contrôle des moyens : +++
- progressistes
- PS

Les signes +++ signifient : « important » ; les signes ++ signifient : « moyen » ; le signe + signifie : « faible » ; sans signe signifie : « aucun »

Le changement envisagé consiste à mettre sous contrôle l'absentéisme du personnel municipal. Pour la DGS, l'analyse des enjeux conduit au tableau suivant.

Enjeux positifs du changement	Enjeux négatifs du changement	Stratégies probables	Action possible et argumentaire du contrôleur de gestion
Connaître les causes d'absentéisme pour mieux le réduire Améliorer l'efficience des services Être crédibles auprès de l'exécutif municipal Être reconnus dans leurs premiers pas au sein de la municipalité	Échec possible de la démarche Détérioration du climat social de la mairie	Exprimer sa volonté et sa conviction de réduire l'absentéisme du personnel Être présents dans le processus en appuyant le porteur du projet	Proposer un système permettant de prendre en compte l'ensemble des paramètres de calcul de l'absentéisme, quitte à commencer de manière simple mais claire, *via* un système manuel* Solliciter la validation du DGS à chaque étape du changement S'assurer de la fiabilité et de l'efficacité du système

* Une leçon d'humilité et de pragmatisme consiste en effet à privilégier la réalisation rapide d'un système provisoire plutôt que d'envisager d'emblée un système sophistiqué aboutissant à l'essoufflement de l'énergie des acteurs du changement.

L'analyse précédente, étendue à tous les acteurs pertinents (détail en annexe 2), permet d'identifier les stratégies générales susceptibles de guider le porteur du changement (contrôleur de gestion) tout au long de son projet. Il reste maintenant à voir selon quel échéancier et avec quelles actions, il a cherché à réussir sa mission. Autrement dit, nous allons tenter de rendre compte maintenant de la dynamique réelle du changement étudié.

LA DYNAMIQUE DU CHANGEMENT (détaillée en annexe 3)

Nous nous inspirons dans notre démarche générale de la théorie sociologique de la traduction[1]. Ce qui a pour conséquence une recherche de l'enrôlement maximum des acteurs concernés dans le changement que nous tentons de mettre en place. Cela nécessite souvent plusieurs aller et retour. C'est clairement visible dans les étapes successives que nous avons détaillées en annexe 3. Nous en reprendrons ci-dessous les points essentiels, en commençant par la première boucle du tourbillon.

La première boucle tourbillonnaire

Dans la description de cette première boucle, nous résumerons l'action du porteur de changement, en rappelant les différentes étapes, décrites à la fin de la deuxième partie :

---

1. – M.Akrich, M.Callon, B.Latour : « A quoi tient le succès des innovations ? », Annales des Mines, *Revue Gérer et Comprendre*, sept 1988, pp. 14 – 29.
   – B.Latour, *Aramis ou l'amour des techniques*, Éd. La Découverte, Paris, 1993.

1re boucle (étapes 1 à 7)

1. *Définition d'un projet modeste* : il s'agit déjà d'avoir une mesure de l'absentéisme, pour l'ensemble de la mairie, avant même de tenter d'agir sur le phénomène. Le contrôleur de gestion, nouvellement recruté, a tout pouvoir dans ce but ;

2. *Analyse du contexte* : le résultat de cette phase a été présenté plus haut ;

3. *Analyse du processus* : idem, voir plus haut ;

4. *Les zones d'incertitude* : elles ont été identifiées lors de la description du processus ;

5. *Recensement des acteurs* : idem, voir plus haut ;

6. *Définition des ressources et identités des acteurs* : travail également décrit dans la partie « diagnostic » ;

7. *Anticipation des enjeux et stratégies des acteurs* : nous avons aussi présenté ce travail précédemment dans son principe et en annexe, pour le détail complet. C'est à cette occasion que nous avons constaté qu'il fallait tenter au minimum, de neutraliser l'action du directeur du personnel ;

8. *Début de l'enrôlement* : à la suite des analyses précédentes, le contrôleur de gestion provoque une réunion générale des directeurs de la mairie, pour leur présenter les grandes lignes de son projet (modeste, puisque mesure manuelle dans un premier temps). Les réactions sont mitigées, voire hostiles. D'où l'amorce d'une deuxième boucle de changement, avec l'idée d'un renforcement du réseau de soutien au projet, *via* la création d'un réseau de correspondants en contrôle de gestion dans chaque service important ;

9. *Extension du réseau* : le réseau de correspondants germe dans l'esprit du porteur de changement. Devant le peu d'enthousiasme des directeurs, il infléchit sa démarche, en ouvrant une autre voie. C'est l'illustration même de la caractéristique majeure des processus de changement : l'imprévisibilité qui engendre un cheminement chaotique, mais inévitable et efficace au final.

Les boucles ultérieures

Dans la mesure où plusieurs étapes de la première boucle (analyse du processus, recensement des acteurs, etc.) sont identiques pour les boucles suivantes, nous résumerons chacune d'entre elles par ses caractéristiques principales et originales :

■ l'objet de la boucle ;

■ le nouveau groupe d'acteurs concernés ;

■ le résultat de l'action menée.

Nous rappellerons également au début de chacune d'elles les étapes détaillées de l'annexe 3, auxquelles elles correspondent.

2e boucle (étapes 8 à 10)

Objet : créer un réseau de correspondants pour affronter l'ampleur du problème (60 services concernés) et réduire l'hostilité des directeurs ;

Acteurs rencontrés : le DGS pour l'approbation de l'idée, 7 directeurs interviewés ensuite au cours d'une réunion, dont celui des relations humaines, pour valider la définition du profil souhaitable pour chaque correspondant. Enfin, un courrier adressé à l'ensemble des directeurs pour la désignation d'un correspondant par direction ;

Résultat de l'action : création du groupe des 22 correspondants lors de la première réunion les rassemblant.

3e boucle (étapes 11 à 13)

Objet : définition de la notion de taux d'absentéisme et du guide de procédure permettant de le mesurer ;

Acteurs rencontrés : chefs de service de la DRH, puis le directeur du personnel – pour l'impliquer le plus tôt possible –, puis le DGS et sept membres de la direction générale et enfin, les correspondants en contrôle de gestion ;

Résultat de l'action : co-création et validation approfondie du premier guide de mesure de l'absentéisme, diffusé ensuite dans les directions.

4ᵉ boucle (étapes 14 à 17)

Objet : création du système de tableaux de bord permettant de suivre l'absentéisme ;

Acteurs rencontrés : rencontre informelle avec deux directeurs, puis avec le directeur du personnel et ses chefs de service, ensuite, avec le DGS et les membres de la direction générale, puis avec les directeurs et enfin, avec les correspondants de contrôle de gestion, en présence du directeur du personnel – mis en valeur en tant qu'expert du métier – ;

Résultat de l'action : validation approfondie du système de tableau de bord, avant expérimentation sur le terrain.

5ᵉ boucle (étapes 18 à 21)

Objet : tester le système de mesure complet sur le terrain ;

Acteurs rencontrés : un allié informel, enrôlé à l'étape 4, dirigeant 113 agents, puis lui-même avec son équipe et son correspondant contrôle de gestion, au cours d'une journée de formation et enfin, rencontre des agents sur le terrain pour parer aux difficultés ;

Résultat de l'action : mesure précise et complète de l'absentéisme dans la direction test, jamais évalué jusque-là.

6ᵉ boucle (étapes 22 à 24)

Objet : généraliser le système à l'ensemble des services ;

Acteurs rencontrés : directeurs, lors du conseil de direction, puis leurs chefs de service et leur correspondant contrôle de gestion (CCG), au cours d'une séance de formation, puis appui sur les nouveaux arrivants et les CCG, avec des actions de renforcement du réseau de soutien à l'innovation : réunions mensuelles de suivi, visites collectives dans d'autres municipalités, aide sur le terrain ;

Résultat de l'action : mesure complète par direction de l'absentéisme et première identification des populations concernées et des causes.

7e boucle (étapes 25 à 27)

Objet : diminuer l'absentéisme ;

Acteurs rencontrés : la direction générale, puis les syndicats et enfin, le conseil municipal ;

Résultat de l'action : élaboration d'une véritable politique de ressources humaines, dont la prime de présentéisme n'est qu'un élément. L'effet progressif de ces mesures se manifeste par une réduction de l'absentéisme (chiffres en annexe 4).

Conclusion du cas

Outre l'illustration détaillée d'une application de notre méthode, ce cas démontre à nouveau le caractère tourbillonnaire de l'innovation, qu'il faut intégrer mentalement, car il ne correspond pas à une approche purement cartésienne des situations. Nous observons comment l'idée se transforme progressivement :

■ c'est d'abord une perception individuelle de l'existence du problème ;
■ puis, la confirmation qu'aucune mesure sérieuse n'existe ;
■ puis, l'esquisse des premières solutions ;
■ puis, la co-création des premiers tableaux de bord, la formation...

Cette idée se transforme systématiquement lorsque le porteur de changement rencontre de nouveaux acteurs, groupes ou individus, favorables ou hostiles. À titre d'exemple, nous reprendrons le moment particulièrement démonstratif où le contrôleur de gestion présente ses premières solutions aux directeurs et rencontre une certaine hostilité.

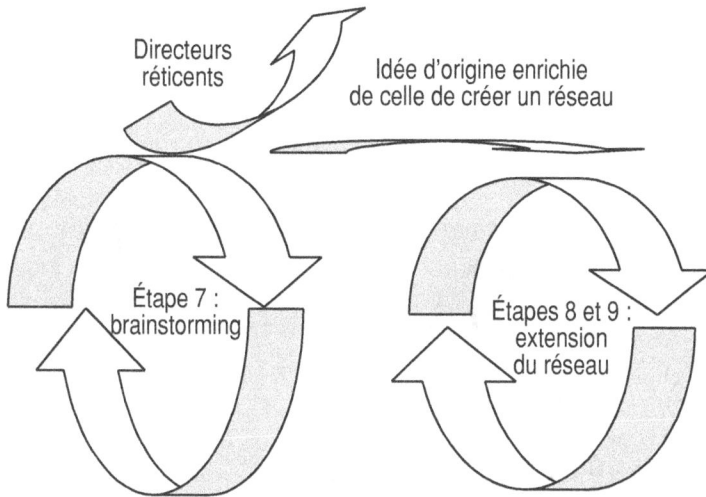

À l'étape 7, la première esquisse de solution est présentée aux directeurs (première boucle) et nombreux sont ceux qui y sont défavorables et s'éloignent donc du processus ; le contrôleur de gestion a alors l'idée de création d'un réseau de correspondants. Ce qu'il fait à l'étape suivante et qui a pour effet de renforcer la puissance du « tourbillon du changement ».

Finalement, et au-delà de l'application de la méthodologie que nous préconisons, cet exemple nous a permis de constater que :

■ **un échec ne compte pas**, à condition qu'il ne soit pas irrémédiable. Ainsi, la première réunion des directeurs n'aboutissant pas aux résultats souhaités, le porteur du changement s'engage dans une autre direction ;

■ **il faut cultiver les rencontres informelles**, davantage susceptibles de conduire à des révélations profondes sur le fonctionnement de l'organisation ; la création du réseau de correspondants a à la fois un aspect formel, mais aussi des traits informels : rencontres sportives, troisième mi-temps, etc.

■ **il est habile de procéder par réalisations (ou systèmes) intermédiaires**, de façon à forger une dynamique de succès (« C'est possible ! »). C'est ainsi qu'un choix de système manuel est d'abord fait par le porteur de changement, puis en tant que première étape, il co-construit la formule de calcul du taux d'absentéisme, en clarifiant les diverses définitions et statuts concernés, puis, il procède de la même façon avec la série de tableaux de bord, puis contribue à la création d'une étude de cas, d'une formation, etc.

Annexe 1 : Identification des caractéristiques des acteurs

Nous détaillons ci-après l'analyse des caractéristiques des acteurs concernés par le changement.

| Acteurs | Ressources | | | | Identité | |
	Savoir	Contrôle des règles	Contrôle de l'information	Contrôle des moyens	Professionnelle	Politique
DG Relations Humaines	Important, vu son poste	Important : fixation et interprétation	Important, vu sa fonction	Important : affectation, mutation, recrutement, influence	Progressiste : est monté en grade 2 ans après son arrivée pour faire partie de la DG ; a participé à la mise en place du système	PS non affiché
Directeur du personnel	Important, vu son ancienneté sur le poste (5 ans)	Important : contribution à fixation et interprétation	Moyen : partie importante de l'information bloquée sur le terrain, mais possibilité de filtrage des informations	Moyen : ordonnateur budgétaire, mais affectation des agents sur décision du DGS et du DG Relations Humaines	Immobiliste sur le problème visé – n'a pas obtenu de promotion pour la DG puis ses missions réduites dès l'arrivée de la directrice des relations humaines, au bénéfice de cette dernière	PS non affiché

Acteurs	Savoir	Ressources			Identité	
		Contrôle des règles	Contrôle de l'information	Contrôle des moyens	Professionnelle	Politique
Chefs de service (3) de la DRH	Moyen	Moyen : possibilité d'interprétation	Important : information en provenance des services d'où possibilité de filtrage	Aucun	Immobilistes satisfaits à quelques années de la retraite	Non connue
Contrôleur de gestion	Spécifique de mise en place d'outils de gestion, tableaux de bord notamment	Faible	Important, car au carrefour de l'information	Moyenne : influence sur les ordonnateurs	Progressiste	Neutralité affichée sur le terrain professionnel
Directeur et CCG du Centre Technique Municipal	Important pour le directeur, vu son ancienneté (7 ans) et son démarrage à l'ascension	Contrôle moyen : proposition de réglementation et capacité d'interprétation	Important : compte tenu de la proximité avec la base, possibilité de filtrage	Important pour le directeur : ordonnateur budgétaire	Progressistes : rôle important d'alliés sur le sujet	PS

| Acteurs | Ressources | | | | Identité | |
	Savoir	Contrôle des règles	Contrôle de l'information	Contrôle des moyens	Professionnelle	Politique
Agents opérationnels catégorie « C »	Important : sur le terrain	Important : capacité de refus de se rendre sur leur lieu de travail pour des raisons subjectives	Important : absence parfois à tour de rôle ; bénéficient d'1 mois de congé annuel et 1 mois d'absence / an	Aucun	Immobilistes contraints pour la plupart ; – absence de motivation – besoin de reconnaissance	Non connue
Élu adjoint délégué au personnel	Aucun	Important : fixation et interprétation	Important : poste politique facilitant la synthèse sur sa délégation	Important : vote du budget pour sa délégation puis recrutement	Immobiliste : ne pas « faire trop de vagues » sur un problème sensible	PS modéré
Les acteurs ne figurant pas dans ce tableau n'ont pas eu d'influence directe dans le processus.						

Annexe 2 :
Enjeux et stratégies
d'acteurs

Nous détaillons ci-après pour tous les acteurs concernés l'analyse des enjeux, des stratégies probables et des manœuvres d'évitement que doit envisager le porteur de changement.

➡ **DG Relations Humaines**

Caractéristiques
- ■ savoir sur le problème : +++
- ■ contrôle des règles : +++
- ■ contrôle de l'information : +++
- ■ contrôle des moyens : +++
- ■ progressiste
- ■ PS non affiché

Pour la DG Relations Humaines l'analyse des enjeux conduit au tableau suivant.

Enjeux positifs du changement	Enjeux négatifs du changement	Stratégies probables	Action possible et argumentaire du contrôleur de gestion
Importants, car le succès entraînera une reconnaissance de la municipalité, et sera « étiqueté » DGR	Risque de détérioration du climat social L'échec du projet entraînerait une perte de crédibilité aux yeux de la municipalité	Participation de manière active à l'innovation, compte tenu de ses fonctions à la DG S'informer régulièrement (de manière informelle) sur le déroulement des travaux	L' associer à la démarche et proposer des solutions permettant de passer de l'administration du personnel à la GRH L'informer régulièrement, y compris en aparté Être un appui pour voir clair

➡ **Directeur du personnel**

Caractéristiques
- savoir sur le problème : +++
- contrôle des règles : +++
- contrôle de l'information : ++
- contrôle des moyens : ++
- immobiliste
- PS non affiché

Pour ce directeur, l'analyse des enjeux conduit au tableau suivant.

Enjeux positifs du changement	Enjeux négatifs du changement	Stratégies probables	Action possible et argumentaire du contrôleur de gestion
Aucun	En cas d'échec, risque de rétro-gradation*	Être en retrait, mais attendre d'être sollicité Faire tout pour conserver sa position de « point de pas-sage obligé » Insister sur la lour-deur du système (manuel et micro)	Initialiser la démarche et pérenniser le système au sein du CG, pour lui montrer que c'est une « mission possible » Rassurer sur les risques d'échec pour arriver à impli-quer, ou au minimum à conserver comme allié silen-cieux Ne pas perdre de vue que le système reviendra à la DRH après son automatisation, avec un accompagnement en termes de moyens et de formation L'impliquer en douceur, en validant et avec lui l'ensem-ble des réflexions, y compris de manière informelle, avant de les soumettre à l'appro-bation de la DG, puis le convoquer lors des réunions cruciales sur le sujet (y compris au haut niveau), pendant le proces-sus de changement Adopter finalement un comportement qui le conduise à devenir un allié

* Le directeur du personnel a vu ses responsabilités se réduire avec l'arrivée du DG Relations Humaines. Nous pouvons citer quelques exemples : le service formation n'est plus placé sous la responsabilité du directeur du personnel – le rattachement hiérarchique du directeur du personnel a changé, car ce dernier ne dépend plus directement du DGS mais du DG Relations Humaines (voir plus haut : le contexte spécifique au problème) – les données concernant les Ressources Humaines dans leur ensemble ne sont plus présentées par le directeur du personnel à la direction générale, mais par le DG Relations Humaines, etc. Par conséquent, les relations ne sont pas au beau fixe entre les deux acteurs précédents.

➡ **Chefs de service (3) de la DRH**

Caractéristiques

- savoir sur le problème : ++
- contrôle des règles : ++
- contrôle de l'information : +++
- contrôle des moyens :
- immobilistes
- identité politique non connue

Pour les trois chefs de service de la DRH l'analyse des enjeux conduit au tableau suivant.

Enjeux positifs du changement	Enjeux négatifs du changement	Stratégies probables	Action possible et argumentaire du contrôleur de gestion
Aucun	En cas d'échec, risque de rétrogradation comme le directeur du personnel (*)	Être en retrait, mais attendre d'être sollicité Adopter le comportement du directeur du personnel face au problème.	Mettre l'accent sur le traitement en temps réel des absences Mettre en œuvre des formations adaptées Faire remonter leurs problèmes jusqu'à la hiérarchie ; puis redynamiser la GRH, pour la reconnaissance du travail accompli Chercher à les associer à titre d'experts dans les étapes importantes de la démarche (sans forcément les impliquer) Adopter finalement un comportement qui les conduise à devenir des alliés.

* Les trois chefs de service sont solidaires de leur directeur du personnel qu'ils connaissent depuis plusieurs années. De plus, ils partagent les mêmes enjeux et connaissent les relations existantes entre le directeur du personnel et le DG Relations Humaines. Pour se familiariser au nouveau système, ces derniers devront acquérir une formation adéquate. Ce qui ne les motive pas, car ces derniers sont tous à un an en moyenne de la retraite. Ils auraient préféré la poursuite de l'ancien système jusqu'à leur départ de la mairie.

➡ **Le contrôleur de gestion**

Caractéristiques

■ savoir de mise en place d'outils de gestion (T de B notamment) :
+++
■ contrôle des règles : +
■ contrôle de l'information : +++
■ contrôle des moyens : ++
■ progressiste
■ neutralité politique affichée sur le terrain professionnel

Pour le contrôleur de gestion l'analyse des enjeux conduit au tableau suivant.

Enjeux positifs du changement	Enjeux négatifs du changement	Stratégies probables	Action possible et argumentaire du contrôleur de gestion
Construction d'un bien commun Favoriser l'efficacité du travail (respect de la qualité, des délais, quantité) en valorisant les conditions de travail Réussir la première mission d'envergure pour consolider sa position acquise.	Risque fort d'échec	Rechercher au maximum le compromis et la cohérence Impulser en tant qu'aiguillon Aider à la décision en recherchant les causes des problèmes, et en proposant des pistes variées	Non applicable

➡ **Directeur et CCG du Centre Technique Municipal (CTM)**

Caractéristiques
■ savoir sur le problème : +++
■ contrôle des règles : ++
■ contrôle de l'information : +++
■ contrôle des moyens : +++
■ progressistes
■ PS

Pour le Directeur et le CCG du Centre Technique Municipal l'analyse des enjeux conduit au tableau suivant.

Enjeux positifs du changement	Enjeux négatifs du changement	Stratégies probables	Action possible et argumentaire du contrôleur de gestion
En cas de succès, reconnaissance par la municipalité d'avoir constitué la direction test	Perte d'influence au sein des collègues Perte de crédibilité auprès de la DG et des élus	Faire passer l'information aux autres collègues S'impliquer activement pour soutenir le projet	Satisfaire leurs attentes par la reconnaissance sociale ; puis remonter leurs préoccupations au niveau hiérarchique supérieur Les conserver comme alliés en s'appuyant sur eux pour développer l'innovation, en présentant leur exemple dans les autres services Valoriser publiquement leur travail auprès des autorités municipales

➡ **Agents opérationnels catégorie « C »)**

Caractéristiques

■ savoir sur le problème : +++
■ contrôle des règles : +++
■ contrôle de l'information : +++
■ contrôle des moyens :
■ immobilistes contraints
■ identité politique non connue

Pour les agents opérationnels, l'analyse des enjeux conduit au tableau suivant.

Enjeux positifs du changement	Enjeux négatifs du changement	Stratégies probables	Action possible et argumentaire du contrôleur de gestion
Illustrer le mal-être des agents dans leur ensemble, via les indicateurs et les tableaux de bord	Le « flicage » Perte de privilèges (le mois d'absence)*	Maximiser leur marge de manœuvre (pas d'information fournie) Faire pression auprès des élus, jusqu'au chantage électoraliste Contourner les règles S'allier aux autres collègues du service pour conserver les « non-dits » dans ce domaine	Accent mis sur la remontée des problèmes quotidiens Reconnaissance du travail accompli, via les indicateurs Système GRH de reconnaissance des efforts accomplis et de l'assiduité Démarche de recherche des causes de la démotivation.
* D'après nos entretiens et estimations, il apparaissait que *grosso modo*, ils doublaient carrément leur temps de vacances par le recours à l'absentéisme.			

➡ **Élu délégué du personnel**

> Caractéristiques
>
> ■ savoir sur le problème :
> ■ contrôle des règles : +++
> ■ contrôle de l'information : +++
> ■ contrôle des moyens : +++
> ■ immobiliste
> ■ PS modéré

Pour l'élu délégué du personnel l'analyse des enjeux conduit au tableau suivant.

Enjeux positifs du changement	Enjeux négatifs du changement	Stratégies probables	Action possible et argumentaire du contrôleur de gestion
Connaître l'absentéisme en général, et réduire l'absentéisme compressible Rechercher le bien-être des agents	Risque de menace sur le climat social, l'absentéisme étant surtout le fait des catégories très basses, avec des salaires peu élevés. Ce qui pourrait entraîner une perte d'électeurs potentiels, et par conséquent du mandat d'élu Occasion de montée en puissance des syndicats sur le problème.	Ne rien précipiter, car nous sommes au début du deuxième mandat, et les élections ne sont pas proches ; il convient de prendre du temps pour faire un bon diagnostic Ménager les susceptibilités de part et d'autre (personnel, syndicats et alliés politiques).	Rassurer en présentant des solutions récompensant l'assiduité, et privilégiant la dimension humaine, tout en minimisant le risque électoral.

Annexe 3 :
Les étapes détaillées
de la démarche

Pour faciliter le parcours de ces 27 étapes, nous les avons subdivisées en quelques grandes phases :

- définition d'un projet modeste ;
- présentation aux décideurs ;
- renforcement de la dynamique par création de réseau ;
- cocréation des premiers outils ;
- test sur un terrain favorable ;
- enrôlement des autres acteurs et généralisation ;
- recherche des causes et plans d'action.

DÉFINITION D'UN PROJET MODESTE

Étape 1 : le fait déclencheur

Le DGS est confronté au problème d'absentéisme dont il ignore l'ampleur. Après une entrevue avec l'adjoint délégué au personnel et le maire, il confie au CG qui venait d'être recruté la mission de bâtir des outils permettant d'avoir une vision globale, mais précise sur le sujet. Celui-ci envisage pour commencer un système manuel ; c'est une ambition modeste.

Étape 2 : analyse du contexte externe et interne

Cette étape a connu plusieurs phases dans son déroulement :

■ premièrement, nous avons pris connaissance de l'organigramme des services. Puis nous avons identifié les acteurs et l'effectif concerné.

■ deuxièmement, nous avons sélectionné les acteurs les plus proches du problème :

– le directeur du personnel ;

– les chefs de service de la direction.

■ troisièmement, nous avons pris connaissance des données existantes sur l'absentéisme, en l'absence des acteurs. Nous avons constaté une présentation partielle des causes d'absence, ce qui, par conséquent masquait la réalité sur le sujet. De même, nous avons observé que la formule de calcul dissimulée par le directeur, n'était connue que de lui ! Ainsi, cette absence de partage de la méthode ne laissait pas la place à un contrôle de la fiabilité du taux d'absentéisme par d'autres acteurs.

■ quatrièmement, nous avons programmé des rendez-vous avec les acteurs clés ci-dessus, afin de recueillir leur vision du problème.

Étape 3 : Écoute semi-directive des acteurs les plus proches du problème

Dans cette étape,

■ d'abord, nous avons écouté le directeur du personnel. Pour cela, nous avons préparé au préalable un questionnaire court. Les questions suivantes ont été posées :

– depuis quand le directeur du personnel occupe-t-il son poste ?

– quel est le taux d'absentéisme de la mairie ?

– peut-on l'obtenir service par service ?

– quels problèmes au sein de la mairie empêchent de prendre en compte l'ensemble des paramètres de calcul de l'absentéisme ?

– pourquoi chaque service a-t-il sa propre formule et ses propres paramètres de calcul ?

■ puis nous avons écouté les 3 chefs de service et l'agent opérationnel de la direction du personnel, sur le terrain des autres pour avoir leur version du problème.

– 1 chef de service congés ;

– 1 chef de service paye ;

– 1 chef de service carrières.

Cette étape avait pour but de recueillir la version des acteurs clés sur le problème. Ainsi, nous avons eu la confirmation des problèmes que nous avons évoqués plus haut, et connus par le DGS. Par ailleurs, nous avons eu connaissance d'un certain nombre de contraintes techniques et organisationnelles, ayant une influence sur le problème. Par exemple, les difficultés de collecte des données, car les services municipaux étaient dispersés dans toute la ville, ce qui rallongeait les circuits et les délais de transmission des informations (l'éloignement géographique par rapport à l'hôtel de ville fait que, certains services ne se sentant pas appartenir à une communauté, fonctionnent de manière autonome). De plus nous avons observé un outil informatique déficient, non seulement à la direction du personnel, mais aussi dans les services. En outre, il n'était pas possible d'obtenir les informations directement de l'application informatique Gestion du Personnel. Par conséquent, la tâche était rendue fastidieuse. Enfin, la précédente équipe managériale n'avait jamais manifesté sa volonté ce connaître et de lutter contre l'absentéisme.

Étape 4 : Écoute d'un acteur supplémentaire

Il s'agit du directeur du Centre Technique Municipal (CTM). Nous l'avons rencontré à la mi-temps lors d'un match de football, dans la buvette du stade (importance des rencontres **informelles**).

Il avait une ancienneté de 20 ans à la mairie. Pendant notre discussion sur les performances des deux équipes en présence, nous nous sommes trouvés un point commun : la passion du football. Il nous a parlé de la « température » de la mairie, et nous avons saisi cette opportunité d'ouverture (de sa part) pour lui poser quelques questions sur le sujet. Par exemple, quel est le taux d'absentéisme global de la mairie ? ; ou encore quels sont ses paramètres de calcul du taux d'absentéisme ?, etc.

Il nous a indiqué de manière générale, qu'au « sein de la mairie il n'existait pas de méthode de calcul commune ». Par contre dans sa direction le taux d'absentéisme était de 12 % ; en effet, il a expliqué qu'il « intégrait les congés annuels » dans ses calculs pour les raisons opérationnelles dans les services (planning notamment). Tandis que son « collègue des services de la voirie les excluait ». En outre il est quasiment impossible d'avoir un taux d'absentéisme uniforme et fiable. En définitive, l'entrevue a été très brève mais nous a permis d'obtenir des informations complémentaires. Par ailleurs, nous lui avions demandé si nous pouvions compter sur lui dans ce domaine ; il nous a laissé entendre que nous pouvions compter sur son aide pour la suite de la démarche. Bref, il constituait déjà un allié pour nous par rapport au problème.

Étape 5 : Pause de réflexion prise par le contrôleur de gestion

Compte tenu du flou qui entourait le problème, nous avons pris ce temps de réflexion. Celui-ci s'est déroulé en deux phases :

■ premièrement, nous avons dressé la typologie des personnels municipaux et celle des causes d'absences :

– tout d'abord, la typologie des personnels municipaux. Nous avons bâti un tableau des agents par statut: titulaires, stagiaires, personnels mis à disposition auprès des organismes satellites, auxiliaires, contractuels, vacataires, saisonniers, contrats emploi solidarité, contrats emploi consolidé ;

– ensuite, la typologie des causes d'absences. Nous avons distingué deux grandes familles, dont :

- les absences de type médical. Par exemple, la maladie ordinaire, la longue maladie, la maladie longue durée, les accidents de travail, la maternité, etc.

- les absences diverses : la formation, les autorisations spéciales d'absence, les absence non autorisées, les grèves, les représentations syndicales, etc.

Nous avons fait la distinction précédente, afin de permettre la comparaison avec les communes de même strate démographique sur le plan national (benchmarking). Pour cela, nous avons demandé communication par téléphone des typologies existantes dans les autres collectivités similaires. De plus, nous avons saisi l'opportunité de la création récente du RVM[1], pour poser la question aux correspondants RVM de chaque ville. En fonction des réponses obtenues, nous avons adapté le découpage précédent.

■ deuxièmement, nous avons réfléchi et arrêté deux hypothèses de travail à proposer au DGS :

– opter pour une application informatique des tableaux de bord. Cette solution nous paraissait plus efficace, moins fastidieuse, mais plus longue en application. Par ailleurs, elle nécessitait un investissement lourd en matériel dans l'immédiat, car il convenait d'équiper tous les services en micro-ordinateurs. Finalement, cette solution que nous n'avons pas écartée totalement, était viable à long terme accompagnée d'une formation. Ensuite, nous avons envisagé une autre hypothèse ;

---

1. Le RVM (Réseau des Villes Moyennes) est un réseau qui fonctionne en interactif avec l'ensemble des villes moyennes adhérentes. Il constitue une base de données facilitant les échanges et les comparaisons. Une question posée est automatiquement distribuée dans les boîtes de réception des membres.

– adopter un système dégradé[1] mais transitoire en interne, qui serait plus rapide (obtention des informations en temps réel) et plus limité dans le temps. C'est-à-dire un système manuel de collecte des données en temps réel toutes causes d'absentéisme confondues, pour tous les services.

Pour nous, ces deux hypothèses étaient finalement complémentaires. Nous avons donc envisagé de commencer par la deuxième hypothèse. En effet nous avons estimé que, celle-ci pouvait favoriser mieux l'apprentissage du système par petits pas, dans la construction du bien commun par les acteurs.

Il convenait de soumettre les hypothèses précédentes au DGS.

PRÉSENTATION AUX DÉCIDEURS

Étape 6 : Point de synthèse avec le DGS

Nous avons sollicité un rendez-vous avec le DGS, pour lui faire part de nos réflexions précédentes. La réunion a été constructive, et nous lui avons proposé d'inscrire ce sujet à l'ordre du jour de la réunion mensuelle des directeurs. Cette assemblée a lieu une fois par mois pour communiquer et informer sur les points généraux du management. Le DGS se chargeait de convoquer l'ensemble des directeurs.

---

1. Soulignons l'habileté pragmatique consistant à mettre en œuvre rapidement un système qu'on sait provisoire, plutôt que de vouloir tout de suite implanter le système le plus sophistiqué, qui risque de prendre beaucoup de temps avant ses premières réalisations et donc d'épuiser les meilleures volontés.

Étape 7 : Réunion de brainstorming

Cette réunion générale des directeurs appelée « conseil de direction » s'est déroulée dans la salle du conseil municipal (comme d'habitude). 26 participants étaient présents, dont :

- 5 membres de la DG ;
- 20 directeurs de service ;
- 1 contrôleur de gestion.

Le DGS a présenté les grandes lignes stratégiques du projet, ainsi que l'objectif essentiel de la démarche: la mise sous contrôle de l'absentéisme. Il a par ailleurs souligné les conséquences de ce dernier sur le fonctionnement des services, sur l'organisation du travail et sur les coûts qu'il génère. Ensuite il nous a demandé d'intervenir sur le sujet.

Nous avons développé le projet et insisté sur ses enjeux au sein de la municipalité. Nous avons informé les participants qu'un système manuel serait mis en place progressivement. Nous avons par ailleurs souligné que les causes de l'absentéisme étaient complexes et plurielles. Par conséquent, il convenait de les connaître d'abord précisément à travers des indicateurs et des tableaux de bord, avant de diligenter les actions de lutte. Au cours de cette réunion, nous avons observé des attitudes hostiles à notre projet. Certains acteurs estimant par exemple que le projet allait générer un surcroît de travail. Aussi, pour faire adhérer l'ensemble des directeurs, nous avons mis en avant les valeurs et leurs intérêts d'acteurs (la surcharge de travail, la qualité du service, les remplacements d'agents, la formation des remplaçants). Nous avons montré notre volonté d'aller de l'avant, affirmé la nécessité de connaître les causes et l'ampleur du problème pour pouvoir y faire face. D'une manière générale, nous avons insisté sur le fait que la démarche devait nous rapprocher finalement de la dimension humaine. Pour cela il convenait de recueillir des données fiables.

En définitive, cette réunion avait pour but d'instaurer d'abord le dialogue et la communication sur le sujet au sein du management.

En outre, elle a permis de confirmer l'absence de culture commune sur le sujet, de langage commun dans les pratiques. À la fin de la réunion, le DGS a demandé la participation de tous les acteurs. De plus nous avons demandé à ces derniers de relayer ces messages auprès de leurs services respectifs, jusqu'à la base.

RENFORCEMENT DE LA DYNAMIQUE PAR CRÉATION DE RÉSEAU

Étape 8 : Pause de réflexion prise par le contrôleur de gestion

Pendant cette pause, nous avons pensé, compte tenu du nombre important de services (60 services au total) et de directions (20 directions au total) éparpillés dans la ville, que la tâche allait être très difficile, et que nous n'allions pas aboutir. Ainsi, pour nous donner des chances de réussite, nous avons jugé utile de créer un réseau de correspondants contrôle de gestion (dynamique de l'innovation). Nous avons envisagé la désignation d'un CCG par direction, soit au total 20 acteurs qui devaient jouer le rôle de relais auprès de leur direction respective.

Nous avons procédé à l'élaboration d'un profil du CCG pour aider les directeurs à la désignation. Il convenait de présenter ces propositions au DGS pour validation.

Étape 9 : Échange

Cette étape s'est déroulée en plusieurs phases :

■ d'abord, nous avons rencontré le DGS de manière informelle sur le terrain de l'autre (compte tenu de la proximité rapprochée de nos bureaux respectifs), autour d'un café (style **informel**, *propice* à un climat de confiance). Nous avons abordé très sommairement le sujet, et lui avons proposé de présenter nos réflexions précédentes à l'ensemble de la direction générale. Le DG se chargeait de convoquer les participants.

■ ensuite, nous avons présenté le profil du CCG à la DG au cours d'une réunion de direction générale le jeudi matin. 7 participants étaient présents, dont :

   – 1 DGS ;

   – 1 DG Relations Humaines ;

   – 1 DG Ressources ;

   – 1 DG Actions publiques ;

   – 1 DG Patrimoine et cadre de vie ;

   – 1 directeur du personnel.

Par ailleurs, nous avons proposé la désignation d'un CCG par direction ; ce dernier ayant un rôle de relais entre sa direction d'origine dans son ensemble et le CG. Toutefois une question s'est posée par rapport à ce thème: qui désigne le CCG dans les directions ?

La réponse qui a été apportée à l'unanimité est la suivante : le choix du CCG est une décision autonome du directeur. Nous nous sommes proposé de les aider, au cas où ceux-ci éprouveraient des difficultés.

Finalement le principe du CCG et de son profil a été validé par la DG. Mais nous savions qu'il serait difficile de trouver un agent correspondant à 100% au profil dressé, compte tenu des différents niveaux de formation dans les services.

■ enfin nous avons adressé par courrier le profil du CCG à chaque directeur. Puis chaque directeur a désigné le correspondant de sa direction. Nous avons établi la liste des CCG par direction ; il convenait maintenant de les rencontrer.

Étape 10 : Information et communication

Nous avons envisagé d'informer et de communiquer avec les CCG au cours d'une réunion. Cette dernière avait pour objectif de constituer concrètement un réseau pour piloter le changement. Pour cela, nous les avons convoqués *via* un courrier cosigné par le DGS sur notre proposition, sous le couvert du directeur de service. La rencontre a eu lieu à la salle du conseil municipal de l'hôtel de ville. 22 participants au total étaient présents, dont notre assistante pour la prise de notes.

Nous avons présenté le problème aux CCG, ainsi que les objectifs poursuivis et la philosophie du système à mettre en place. Mais surtout nous leur avons explicité ce que nous attendions d'eux, et quel était leur rôle dans la construction du bien commun. Auparavant, nous avons demandé à chaque CCG de se présenter, et avons constaté des niveaux et des grades hétérogènes. Parmi ces derniers, on retrouvait à la fois par exemple des agents de catégorie C, B, A, voire les CES (Contrat Emploi Solidarité), etc. Ce facteur pouvait générer des effets déstabilisants et néfastes sur le projet. Par exemple la capacité de compréhension des procédures et du système, ou encore la difficulté à assimiler des informations pour les uns et les autres. Plusieurs cas de figure pouvaient expliquer cette situation: certains CCG se sont autodésignés ; d'autres ont été désignés par le directeur, soit avec leur consentement, soit une désignation d'office contre leur plein gré. Nous avons essayé de les mettre en confiance, en leur montrant que ces préoccupations seraient prises en considération. De plus, nous avons rencontré des difficultés du fait que nous abordions un sujet qui reste tabou dans les collectivités locales. Car nous étions suspecté de vouloir « susciter des peurs » voire des « angoisses », de « faire du flicage des agents », etc. Nous avons douté intérieurement pendant un court laps de temps sans toutefois l'extérioriser devant les participants, dans la mesure où nous avons appris qu'une « tentative de contrôle de l'absentéisme avait déjà eu lieu dans les années antérieures », aboutissant à un échec. Cette dernière s'était déroulée de manière unilatérale à travers « nos feuilles de congés de toute sorte (par le service du personnel) sans la participation des agents ». De manière générale, les participants qui « disaient tout haut ce qui se disait tout bas » dans les services avaient peur de la délation. En définitive, nous avons privilégié l'écoute à ce stade de la démarche, et tenté de rassurer les participants, en leur disant par exemple que nous allions travailler en équipe, tout en prenant en compte les préoccupations des agents. Par contre nous avons gardé notre volonté d'aboutir à la création du bien commun (information et réduction de l'absentéisme).

Par ailleurs, la réunion a permis aux participants de se voir et de se connaître mutuellement sur le terrain professionnel. En effet, nous avons constaté que les agents ne s'étaient jamais rencontrés, sauf par téléphone ; compte tenu de l'éparpillement des services respectifs dans la ville. En somme, nous avons permis à chacun de « mettre un nom sur chaque visage ». Bref, avec les CCG, nous avons tenté de créer finalement une dynamique d'équipe qui restait à se confirmer.

CO-CRÉATION DES PREMIERS OUTILS

Étape 11 : Pause de réflexion prise par le contrôleur de gestion

Compte tenu des interrogations et des peurs suscitées lors de l'étape précédente, nous avons fait une pause de réflexion.. Nous avons procédé à l'élaboration d'un guide des procédures en liaison avec les chefs de service de la DRH. Celui-ci explicitant de manière théorique le fonctionnement du futur système, par exemple la formule de calcul de l'absentéisme ci-après.

$$\text{Taux d'absentéisme moyen par rapport à l'effectif} = \left[\frac{\text{Nb jours absence en calendaires}}{\text{Nb jours calendaires du mois x nb d'agents}} + \frac{\text{Nb jours absence en ouvrés}}{\text{Nb jours ouvrés du mois x nb d'agents}} \right] \times 100$$

Le premier terme de la parenthèse concerne les seules absences mesurées en jours calendaires, le second terme visant celles qu'on mesure en jours ouvrés.

Le calcul de ce taux se duplique par le fait que certaines absences sont comptées en jours calendaires, et donc participeront au calcul du premier terme. Et d'autres absences sont comptées en jours ouvrés, et donc participeront au calcul du deuxième terme (voir exemple concret : tableau 6 en annexe).

Ensuite, nous avons pris rendez-vous avec le directeur du personnel, afin de lui présenter d'abord à son niveau le guide précédent. Nous souhaitions par ce biais l'impliquer davantage au projet. Ce dernier se chargeant de convoquer ses chefs de service.

Le guide des procédures a été validé par le directeur. Cinq participants au total étaient présents à cette réunion qui, s'est déroulée sur le terrain de l'autre:

■ 3 chefs de service de la DRH ;

■ 1 directeur du personnel.

Il convenait par la suite de présenter le document précédent par la DG.

Étape 12 : Échange

Dans cette étape, nous avons pris un rendez-vous avec le DGS pour faire le point sur l'évolution de la démarche. Le DGS se chargeant de convoquer les membres de la direction générale.

Au cours de cette réunion, 7 participants au total étaient présents, dont le directeur du personnel. Nous avons fait un point sur l'évolution de la démarche ; puis avons présenté le guide des procédures précédent, ce dernier constituant finalement un mode opératoire. Quelques modifications mineures ont été apportées par les participants. Nous les avons prises en compte.

Le document ayant été validé lors de cette réunion d'échange, nous avons envisagé d'en faire part au réseau des CCG.

Étape 13 : Information et communication

Nous avons convoqué par courrier cosigné par le DG les CCG à une réunion d'information sur le sujet. Cette dernière s'est déroulée dans la salle du conseil municipal de l'hôtel de ville. Nous avons présenté le mode opératoire précédent, devant être distribué à l'ensemble des services. L'ensemble des CCG étaient présents, soit 22 participants au total, dont notre assistante contrôle de gestion. Nous avons demandé à ces derniers de lire ce document, afin d'en reparler lors d'une prochaine réunion.

Étape 14 : Pause de réflexion prise par le contrôleur de gestion

Nous avons fait cette pause, afin de réfléchir sur l'ossature du système. Plusieurs phases se sont succédé lors de cette étape :

■ premièrement, compte tenu du fait que nous avons opté plus haut pour un système manuel, nous avons procédé à la création de maquettes à compléter par les services. C'est-à-dire finalement des documents de collecte des informations et de sorties des données. D'une manière générale, le fonctionnement du système se fonde sur 5 maquettes que nous appellerons des annexes :

– annexe de base : ce tableau de bord est hebdomadaire, il est réalisé en liaison avec la DRH. Par ailleurs, ce dernier est nominatif et reste à usage interne au sein du service. En effet, le chef de service effectue le pointage quotidien de ses agents, enregistre les absences et les congés annuels. Cette première maquette (voir tableau 1 en annexe à ce chapitre) alimente une seconde maquette ;

– annexe 1 : ce document anonyme s'adresse à chaque service. Il est alimenté par l'annexe de base ci-dessus ; il détaille sur l'année le total des absences par service et par type de cause. Par ailleurs il décompose l'absentéisme en deux catégories : les jours calendaires et les jours ouvrés. Ce document est en définitive adressé au CG, qui doit procéder au traitement des informations. L'annexe 1 se présente comme ci-après.

Mairie de ... — **Conseil de gestion** — **Tableau de bord**

		Service :	
Direction :		mois :	
Effectif du mois	nb de jours ouvrés :		temps de travail théorique
Inscrit (permanent)	nb de jours calendaires :		par jour/par agent :
	nb de jours du service :		
	jours ouvrés	jours calendaires	nb de cas	observations
MALADIE dont				
maladie ordinaire				
longue maladie				
longue durée				
ACC. DE TRAVAIL dont				
nb de jours d'arrêt				
MATERNITÉ				
A S A dont				
évén. fam. officiels				
évén. fam. divers				
FORMATION				
DIVERS dont				
grèves				
comité o.s.				
abs. non justifiées				
syndicat				
rep. personnel				
autres				
Total absences en jours				
CONGÉS ANNUELS/JOURS				

Observations :

ASA = Autorisation Spéciale d'Absence

- la deuxième ligne enregistre le nom de la direction et celui du service considéré ;
- la troisième ligne de la quatrième colonne enregistre le mois de référence ;
- la quatrième ligne de la première colonne enregistre l'effectif permanent du service pour le mois considéré ;
- les quatrième, cinquième et sixième lignes de la troisième colonne enregistrent respectivement : le nombre de jours ouvrés, le nombre de jours calendaires et le nombre de jours du service (par exemple, un service peut être ouvert du lundi au samedi, et un autre du lundi au vendredi, etc.) pour le mois de référence ;
- la quatrième ligne de la cinquième colonne enregistre le temps de travail théorique par jour et par agent (par exemple 8 heures par jour par agent) ;
- la première colonne enregistre les différentes causes d'absence (maladies, accidents de travail, maternité, formation, divers, congés annuels) ;
- la deuxième colonne enregistre les jours ouvrés (pour « Autorisations Spéciales d'Absences », « formation », « divers » et les « congés annuels ») ;
- la troisième colonne enregistre les jours calendaires (pour « maladies », « accident de travail » et « maternité ») ;
- la quatrième colonne prend en compte le nombre de cas enregistrés pour une rubrique considérée ;
- la cinquième colonne enregistre les observations du chef de service.

Une fois ce tableau précédent complété, il est possible de bâtir un autre tableau supplémentaire.

– annexe 2 : à partir de l'annexe qui précède, le CG bâtit une troisième maquette par service présentée ci-après. Cette dernière permet de suivre mensuellement l'absentéisme d'un service sur une année, par cause. Ainsi, elle sera retournée au chef de service pour qu'il en tire les conséquences.

Mairie de ...				Conseil de gestion						Tableau de			
Tableau d'évolution de l'absentéisme													
Direction :	Année :								Service :				
TAUX MOYEN DIRECTION													
TAUX DU SERVICE													
effectif permanent/service													
Causes	Jan.	Fév.	Mars	Avr.	Mai	Juin	Juil.	Août	Sep.	Oct.	Nov.	Déc.	Cumul
MALADIE dont													
maladie													
longue maladie													
longue durée													
ACC. DE TRAVAIL													
MATERNITÉ													
TOTAL JOURS													
FORMATION													
A. S.A. dont													
événements													
DIVERS dont													
syndicat + reprēs.													
grèves													
comité œuvre													
absences non justifiées													
autres													
TOTAL JOURS													
TOTAL GÉNÉRAL													
nb jours du mois													
nb jours du mois													
nb jours du mois													
CUMUL CONGÈS													

Le tableau ci-après reprend l'ensemble des informations précédentes. Le nombre de jours est enregistré par cause, mois par mois (selon les explications données ci-dessus), avec un cumul annuel (dernière colonne du tableau). De plus, le calcul du taux d'absentéisme y est effectué mois par mois par colonne (voir troisième ligne « taux d'absentéisme moyen par direction », puis quatrième ligne « taux du service »).

L'annexe 2 précédente permet au CG de bâtir un quatrième document.

– annexe 3 : ce document constitue un tableau de synthèse au niveau des directions. Il comprend les noms des services par direction et par type d'absentéisme. Les résultats sont présentés en jours d'absence avec un taux d'absentéisme. Celui-ci est adressé à chaque directeur pour une lecture synoptique de l'ensemble de ses services. Nous présentons ci-dessous un extrait de ce tableau.

Services	Effectif du service	Maladie			Accident de travail	Maternité	Formation	Autorisation spéciale d'absence	Divers	Absentéisme	
		MO	LM	LD						Jours	T en %
service 1											
service 2											
service 3											
service 4											
service 5											
service n											
total direction											

L'annexe 3 ci-dessus permet d'alimenter une quatrième maquette.

– annexe 4 : cet état constitue un tableau de synthèse en fonction des mois. Les résultats par direction sont présentés en jours d'absence et en taux d'absentéisme. Un cumul des jours d'absence est effectué pour l'ensemble de la mairie, ce qui permet de faire des comparaisons par direction. Ce tableau est destiné à la direction générale tous les mois, ce qui lui permet d'avoir une vue synoptique des absences par cause et par direction, au regard des effectifs alloués. Nous présentons ci-après le prototype de ce tableau (un exemple réel est présenté au tableau 2 des annexes à ce chapitre).

Directions	Effectif	Maladie		Accident de travail		Maternité		...	Divers		Total	
		Jours	%	Jours	%	Jours	%			%	Jours	%
D 1												
D 2												
D 3												
D 4												
D 5												
D n												
Total directions												

L'annexe 4 permet d'alimenter une cinquième maquette.

– annexe 5 : cet état constitue un tableau consolidé au niveau de l'ensemble de la mairie toutes directions confondues. Il enregistre le total général des jours d'absence, ainsi que le taux d'absentéisme moyen de la mairie sur l'année. Par ailleurs il offre la possibilité de comparer l'année N par rapport à l'année N-1. Ce tableau est destiné à la direction générale et aux élus, notamment le maire et l'adjoint délégué au personnel.

Le prototype du document est présenté ci-après.

	Jan.	Fév.			Nov.	Déc.	Cumul
Absence en jours année N							
Référence N-1							
Variation en jours N / N-1							
Taux d'absentéisme année N							
Référence année N-1							
Variation en % N / N-1							

Ces annexes ont la particularité de s'auto-alimenter à partir du niveau inférieur, comme le montre le schéma ci-dessous.

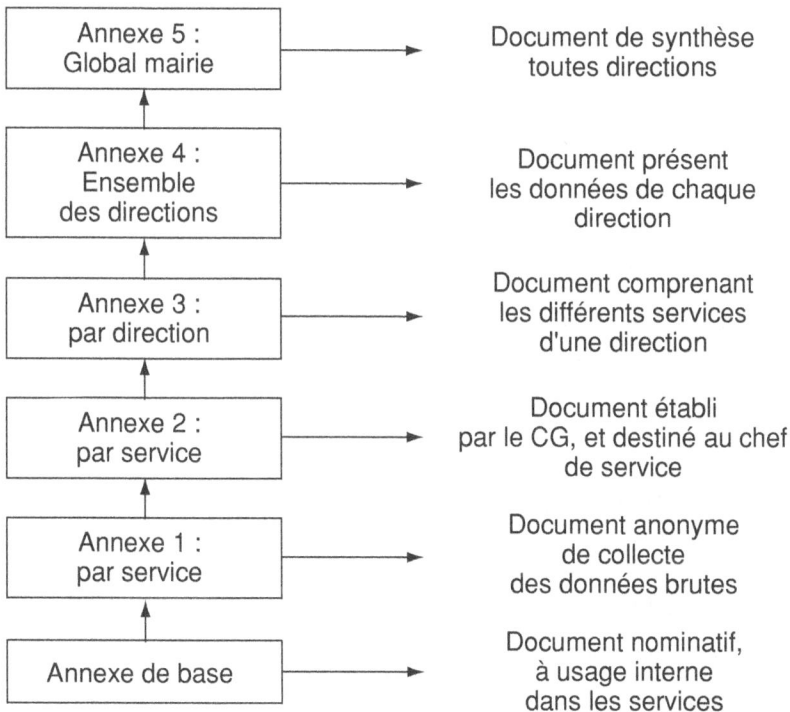

Annexe 5 : Global mairie	Document de synthèse toutes directions
Annexe 4 : Ensemble des directions	Document présent les données de chaque direction
Annexe 3 : par direction	Document comprenant les différents services d'une direction
Annexe 2 : par service	Document établi par le CG, et destiné au chef de service
Annexe 1 : par service	Document anonyme de collecte des données brutes
Annexe de base	Document nominatif, à usage interne dans les services

■ deuxièmement, nous avons présenté de manière informelle ces documents à deux directeurs « isolés » géographiquement. Ce fut lors des réunions de travail que nous avions avec eux sur des sujets différents. Il s'agit du directeur de l'éducation et du directeur de l'action sociale, compte tenu des effectifs importants qui composent ces secteurs, et de la pluralité des services qu'ils rendent. L'objectif étant de recueillir leur point de vue sur ces maquettes. Nous nous sommes assurés que les outils précédents étaient transposables et adaptables, en tenant compte des spécificités des services.

■ troisièmement, nous avons présenté les maquettes précédentes au directeur du personnel et à ses chefs de service. Nous avons sollicité auparavant ce rendez-vous par téléphone. 5 participants au total étaient présents lors de cette rencontre que nous avons organisée sur le terrain de l'autre.

Suite aux différentes validations successives précédentes, nous avons envisagé de faire le point avec la DG.

Étape 15 : Échange

Nous avons pris rendez-vous avec le DGS, pour présenter des maquettes précédentes. Le DGS se chargeait de convoquer les participants.

Cette réunion de brainstorming s'est déroulée dans les bureaux du DGS, lors de la rencontre hebdomadaire habituelle. 7 participants étaient présents, dont :

■ 1 DGS,

■ 1 DG Relations humaines,

■ 1 DG Ressources,

■ 1 DG Actions publiques,

■ 1 DG Patrimoine et cadre de vie,

■ 1 directeur du personnel.

Finalement, cette réunion nous a permis de finaliser et de valider nos prototypes de tableaux de bord. Nous avons en effet effectué quelques corrections à la marge.

Il convenait par la suite de présenter ces tableaux à l'ensemble des directeurs.

Étape 16 : Réunion de brainstorming

Nous avons proposé au DGS d'inscrire ce sujet à l'ordre du jour de la réunion mensuelle des directeurs. Le DGS se chargeait de convoquer les acteurs.

La réunion de brainstorming s'est déroulée dans la salle du conseil municipal, en présence de l'ensemble des directeurs. 26 participants au total étaient présents, dont les membres de la direction générale. Ainsi, nous avons présenté les maquettes de sortie et de collecte des données via le vidéo projecteur. Puis nous avons explicité et distribué les documents à l'ensemble des participants. Nous avons apporté des réponses aux interrogations; par exemple nous avons souligné que les absences pour maladie se comptabilisaient en jours calendaires (en intégrant le samedi et le dimanche), selon les indications que nous avons obtenues de la Sécurité sociale, mais aussi pour des raisons de calcul des coûts d'absentéisme. Par contre les absences pour cause de grève se calculaient en jours ouvrés, cette dernière se déroulant pendant les journées de travail, etc.

Soutenu par la DG, nous avons réaffirmé aux participants notre volonté, ainsi que notre souhait de voir le projet aller jusqu'au bout. Nous avons par ailleurs demandé la participation active de chaque directeur sur le sujet, au sein des services.

Il convenait par la suite de rencontrer les CCG.

Étape 17 : Information et communication

Nous avons convoqué par courrier cosigné par le DGS, les CCG pour une réunion sur le sujet. 23 participants au total étaient présents, dont 1 directeur du personnel, convoqué de manière informelle un soir lors de la fermeture des bureaux de l'hôtel de ville.

Nous avons invité ce dernier pour l'impliquer davantage, et afin qu'il puisse répondre aux questions techniques éventuelles de GRH, vu son poste.

Au cours de cette réunion tenue dans la salle du conseil municipal, le directeur du personnel a répondu aux interrogations des CCG concernant les feuilles de maladie. Ce dernier a par exemple précisé qu'il fallait continuer de les adresser à la DRH. Par ailleurs, nous avons présenté les maquettes précédentes. Ensuite nous les avons distribuées aux participants. Toutefois, certaines questions sont restées sans réponses dans l'immédiat. Par exemple quelle démarche adoptons-nous : lancer de manière globale le système ou commencer par des services tests ? Par rapport à cette question, certains CCG estimaient qu'il fallait peut-être commencer par une direction test.

Finalement, nous avons opté de prendre un temps de réflexion par rapport à ces deux hypothèses.

TEST SUR UN TERRAIN FAVORABLE

Étape 18 : Pause de réflexion prise par le contrôleur de gestion

Pendant cette pause, nous avons pris contact de manière informelle par téléphone avec le directeur du CTM. Ce dernier était apparu à nos yeux comme un futur allié crédible. Nous nous sommes rappelé de notre conversation lors d'un match de football (voir étape 4 plus haut : écoute d'un acteur supplémentaire). Ses services disposaient déjà de tableaux de bord primaires d'activité, les agents étant déjà ouverts aux outils (notamment le CCG et les chefs de service). De plus il nous avait laissé entendre que nous pouvions compter sur lui sur le sujet. En outre, nous l'avons sollicité pour que sa direction constitue un secteur.

D'une manière générale, nous avons obtenu son accord de principe. Cette direction test était composée de 4 services au total, avec un effectif global est de 113 agents :

■ le service des ordures ménagères ;

■ le service du nettoyage des rues ;

■ le service des espaces verts ;

■ le service du garage municipal.

Le directeur se chargeait d'informer d'abord personnellement ses chefs de service et ses agents.

De notre côté, nous avons décidé d'informer le DGS. Puis de commencer le test par la formation des acteurs concernés.

Étape 19 : Formation

Cette étape s'est déroulée en plusieurs phases :

■ d'abord, nous avons fait un point avec le DGS sur le terrain de l'autre. Nous l'avons rencontré de manière informelle dans le couloir, compte tenu de la proximité géographique de nos bureaux respectifs. Celui-ci nous a informé d'un rendez-vous fixé auparavant, mais qu'il venait d'annuler. Nous avons saisi cette opportunité pour le solliciter, et il a pu nous recevoir. Nous l'avons informé du choix d'une direction test, pour les raisons que nous avons évoquées ci-dessus. Puis, nous lui avons proposé la formation des acteurs dans les services tests. Finalement, la séance fut brève, mais nous avons obtenu l'accord de principe du DGS.

■ ensuite, nous avons convoqué par courrier le directeur et les chefs de service de la direction du CTM, pour une journée de formation sur le sujet. 11 participants étaient présents, choisis en préalable par le directeur du CTM, dont :

 – 4 chefs de service,

 – 1 directeur,

– 4 opérationnels représentant chaque service,

– 1 CCG.

■ puis, nous avons bâti une étude de cas pour la circonstance, accompagné d'un corrigé.

■ enfin, nous avons animé la journée de formation sur le terrain de l'autre. Nous avons abordé la philosophie du système, notamment, comment il convenait de collecter les données et la façon de compléter les différentes maquettes. De plus nous avons traité l'étude de cas précédente, en formant deux groupes de 5 personnes qui devaient réfléchir de chaque côté de la salle de réunion. Puis chaque groupe a exposé sa démarche et nous avons procédé ensemble à la correction de l'étude de cas. Nous nous sommes rendu disponible pour aller aider les acteurs sur le terrain, et avons mis à la disposition des agents un support pédagogique leur indiquant la marche à suivre.

Ensuite il convenait de lancer les tests.

Étape 20 : Test

Nous avons lancé les tests dès le début du mois M. Puis avons procédé à des simulations du « système manuel et micro » pendant 4 mois. En effet, les données étaient collectées manuellement dans les services pendant tout le mois, suivant la procédure décrite plus haut. Ensuite, ces dernières étaient adressées au CG, notamment l'annexe 1, pour la saisie sur micro et pour l'analyse. Nous étions présent sur le terrain, et faisions un point régulier avec le directeur et les autres acteurs précédents au CTM. Ce qui nous permettait de détecter les problèmes le plus tôt possible en amont, et d'y apporter des solutions adaptées. Le système fonctionnait en temps réel, avec une collecte des informations à la source, prenant en compte l'ensemble des causes d'absentéisme. Ce qui permettait finalement d'avoir une vision globale de l'absentéisme dans cette direction fondée sur des données fiables. Ce facteur a été reconnu par le directeur du CTM, car ce « n'était pas le cas auparavant ».

Cette étape a permis de faire face à de nombreux cas de figure, aucun service de cette même direction ne ressemblant à aucun autre. Par exemple au niveau des horaires de travail, au garage municipal les agents commençaient le travail à 8 heures du matin. Tandis qu'au service des ordures ménagères, les agents commençaient leur travail à 5 heures du matin, avec des équipes de collecte différentes pour plusieurs quartiers de la ville . De plus, certains agents travaillaient à plein temps, d'autres à mi-temps (à 50 %, ou à 80 %, ou à 90 %), d'autres ne travaillaient pas le vendredi après-midi, etc. Il convenait de trouver un système adaptable à toutes les situations. Ainsi, nous avons effectué des réajustements en fonction des horaires pratiqués dans les services, des difficultés rencontrées et des stratégies émergentes de la part des acteurs concernés. Nous avons proposé par exemple, que 2 heures d'absence correspondent à $2/7^e$ de jour, dans un service où la durée moyenne journalière de travail est de 7 heures. Si la durée était différente de 7 h, il conviendrait de prendre le chiffre voisin entier le plus proche. Par exemple : 3 heures d'absence dans un service où la durée moyenne journalière était de 7 h 45, correspondaient à $3/8^e$ de jour, etc. Ce qui nous permettait d'aboutir à des résultats similaires. Nous avons ensuite intégré les spécificités de fonctionnement précédentes dans le guide des procédures destiné aux utilisateurs.

Enfin, nous avons élaboré un bilan des 4 mois de test en liaison avec les 10 acteurs précédents du CTM, qui pouvait être présenté à la direction générale.

Étape 21 : Présentation et analyse des résultats des tests

Nous avons pris rendez-vous avec le DGS pour lui présenter les résultats des tests, puis lui proposer la généralisation du système dans les autres services de la mairie. Le DGS se chargeait de convoquer les différents acteurs à cette réunion.

Au cours de cette réunion d'échange qui s'est déroulée dans le bureau du DGS, 9 participants étaient présents, dont :

- 1 DGS,
- 1 DG Relations humaines,
- 1 DG Ressources,
- 1 DG Actions publiques,
- 1 DG Patrimoine et cadre de vie,
- 1 directeur du personnel,
- 1 directeur du CTM,
- 1 CCG.

Nous avons exposé les conclusions du test, ainsi que les difficultés rencontrées (voir plus haut). Nous avons constaté un taux d'absentéisme moyen de 8%, toutes causes confondues, pour l'ensemble de la direction. Par ailleurs nous avons observé que l'absentéisme touchait essentiellement les agents de la catégorie C. C'est-à-dire des agents de base dont le niveau de formation n'est pas élevé, et dont le revenu mensuel est faible. De même nous avons observé que l'absentéisme était essentiellement dû à la « petite » maladie ordinaire de confort ; le taux moyen de la direction était de 5,1 %, représentant 47 % du total des absences. Venaient ensuite les absences diverses (autorisations spéciales d'absence, absences non autorisées, grèves, etc.) 30 %, inconnues jusque-là de la DRH.

En définitive nous avions une vision générale de l'absentéisme dans cette direction test, ce qui n'était pas le cas auparavant. Les résultats que nous avons obtenus étant tangibles et encourageants, nous savions que nous pouvions aller plus loin, tout en essayant de faire face aux blocages potentiels. Nous avons envisagé avec les participants la possibilité de généralisation du système. Mais nous avons convenu avec le DGS de communiquer d'abord sur ces résultats positifs.

ENRÔLEMENT DES AUTRES ACTEURS ET GÉNÉRALISATION

Étape 22 : Information et communication

Dans cette étape, nous avons proposé au DGS d'inscrire ce point à l'ordre du jour du conseil de direction, c'est-à-dire de la réunion mensuelle de l'ensemble des directeurs.

Lors de cette réunion d'information générale, nous avons rappelé brièvement les enjeux de l'absentéisme exposé plus haut, puis la démarche suivi jusqu'à présent, et enfin nous avons présenté les conclusions précédentes. De plus, nous avons obtenu l'appui du directeur du CTM (il est intervenu à plusieurs reprises sur le sujet) et celui de la direction générale. Puis, nous avons informé de la future généralisation du système afin de le rendre pérenne au sein de la mairie. De même, nous avons souligné et valorisé la participation active du directeur du CTM et de ses agents, sans lesquels le niveau des résultats atteint n'aurait pas été possible.

Toutefois, lors de cette présentation, nous avons observé un certain nombre d'opposants minoritaires, pouvant avoir une influence sur la démarche. Ces derniers craignaient par exemple que ne s'instaure une forme de délation entre agents au sein des services municipaux (puisque l'information est collectée à la source). Ou encore se posait la question : « comment les agents allaient recevoir ce message dans les services ? », etc. A partir de là, nous avons compris que ces derniers dévoilaient le sentiment partagé par un certain nombre d'agents dans les services. Pour contourner ces obstacles, nous avons utilisé un certain nombre de leviers, par exemple : nous avons rappelé que le tableau de base servant à collecter les données était nominatif, et restait à usage interne dans le service ; c'est-à-dire qu'il appartenait au chef de service de s'occuper nominativement de son personnel. Nous avons poursuivi en soulignant que par contre, les autres tableaux de bord restaient **anonymes**, à partir du niveau de base jusqu'aux niveaux hiérarchiques. Pour cela nous avons présenté les tableaux concernés *via* le vidéo-projecteur. Dans le même ordre d'idée, nous avons valorisé l'expérimentation que nous avions effectuée avec les services tests, en la plaçant dans un projet général de la mairie, visant l'intérêt général, la qualité du service rendu aux usagers, etc.

En définitive nous pouvons dire que nous avons réalisé notre test sur un terrain favorable, avec des acteurs convaincus. Nous comptions nous appuyer sur eux pour développer l'innovation. De plus, nous avons reçu l'appui de la DG, avons notamment insisté sur la participation de tous à cette extension du système. Nous avons indiqué aux participants, que des rendez-vous seraient programmés avec les directeurs et les chefs de service pour expliquer et communiquer sur le sujet.

Il convenait par la suite d'enclencher la démarche.

Étape 23 : Généralisation de l'innovation

Pour étendre le système précédent à l'ensemble des services municipaux, nous avons procédé en six temps :

■ dans un premier temps, nous avons proposé à la direction générale l'organisation d'une session de formation, pour l'ensemble des chefs de service et les CCG ;

■ dans un deuxième temps, nous avons procédé à la rédaction préalable d'une étude de cas, portant sur des données réelles issues de l'expérimentation précédente. Cette traduction permettait aux participants de se sentir concernés par la situation, de travailler sur du concret.

■ dans un troisième temps, nous avons étalé cette formation sur deux journées compte tenu du nombre important d'acteurs concernés : 60 chefs de service au total, dont les 4 chefs de service de la période de test ; 20 CCG au total, dont celui du CTM. En outre, nous avons formé deux groupes : 30 chefs de service et 10 CCG pour éviter le surnombre. La première journée, un premier groupe et le second ensuite. Les deux journées se sont déroulées dans une salle en dehors de l'hôtel de ville. Nous n'avons pas enregistré d'absent sur les deux séances. Au cours de ces deux journées, nous avons rappelé à chaque fois d'abord les objectifs poursuivis, en l'occurrence la connaissance et la mise sous contrôle de l'absentéisme. Puis l'influence de ce dernier sur le fonctionnement des services municipaux. Puis nous avons présenté la démarche suivie jusque-là, ensuite nous avons communiqué sur l'expérimentation abordée plus haut et les résultats obtenus. Enfin, nous avons travaillé sur les maquettes de tableau de bord. Nous avons consacré le milieu d'après-midi et la fin de journée au traitement de l'étude de cas. Par ailleurs nous avons précisé les périodicités de collectes des informations ; puis déterminé les dates butoirs de communication des données au CG entre la fin du mois M et le 5 du mois M+1. Nous avons mis à la disposition des acteurs un support méthodologique.

■ dans un quatrième temps, nous avons pris conscience au terme de la session précédente, que la tâche ne serait pas simple pour tout le monde. En effet, nous avons observé des niveaux de formation hétérogènes entre les chefs de service notamment (écoute). Il convenait d'aller au-delà et de poursuivre l'apprentissage différemment. Pour cela, nous avons effectué plusieurs réunions d'explication et d'information sur le terrain. En effet nous nous sommes déplacé dans tous les équipements éparpillés dans la ville. Lors de ces rencontres, nous avons dialogué avec un certain nombre de cadres nouvellement arrivés (suite au plan de modernisation des services municipaux élaboré par un cabinet d'audit). Nous avons saisi cette opportunité, pour faire passer quelques messages sur le sujet. Par exemple nous leur avons dit, « comme nous venons tous d'arriver, il faudrait en profiter pour essayer de moderniser la gestion des activités municipales, apporter un plus à l'administration, aux agents et au service public ». C'est en jouant régulièrement la carte du nouvel arrivant, qu'ils ont pu nous apporter leur soutien, et que nous avons pu les avoir comme alliés. En outre, ils essayaient de convaincre à leur tour les opposants irréductibles signalés plus haut.

■ dans un cinquième temps, pour animer le réseau des CCG, nous avons programmé une rencontre mensuelle. Cette dernière ayant pour objectif de faire un suivi de la démarche, de connaître et de débattre en équipe des difficultés rencontrées par les uns et les autres sur le terrain. Pour cela nous laissions place à un brainstorming collectif. Dans le même ordre d'idée, nous avons programmé une rencontre régulière de football entre les CCG tous les jeudis midi (**importance de l'informel**).

■ dans un sixième temps, nous avons lancé la généralisation du système, avec explication régulière du fonctionnement dans les services. Puis, nous avons effectué de nombreux retours auprès des chefs de service, des opérationnels et des CCG. Ce qui nous permettait de nous rendre compte concrètement des difficultés rencontrées par les acteurs, afin de mieux les résoudre et d'ancrer le système. Par ailleurs, dans le cadre des accidents de travail, nous nous sommes déplacé dans le service incendie et secours d'une grande ville voisine, pour affiner notre vision en matière d'hygiène et de sécurité. Nous étions accompagné de quelques CCG des services techniques de la ville.

Étape 24 : Observation et analyse des résultats

Dans cette étape, nous avons procédé au suivi du fonctionnement du système, grâce à nos acteurs relais sur le terrain. Par ailleurs, nous avons contrôlé régulièrement des tableaux de bord qui nous étaient communiqués, pour vérifier la fiabilité des données, et observer leur évolution dans le temps et dans l'espace. Ainsi nous avons observé quelques hésitations par endroit dans les tableaux ; ces dernières s'exprimant par exemple par des pages blanches ou par des difficultés de conversion (absences en heures à traduire en jours), etc. Elles étaient dues parfois à la crainte de devoir communiquer des informations partielles et /ou erronées à la fin du mois. Néanmoins, nous avons insisté sur le fait qu'il fallait communiquer les informations même approximatives au bon moment (**pragmatisme**). Nous avons essayé de les mettre en confiance en leur signalant qu'il y avait toujours la possibilité de mieux les affiner dans le temps. En définitive, nous avons constaté que les agents étaient sensibilisés à la systématisation de notre démarche ; les peurs se sont estompées.

Nous avons procédé au traitement des données sur micro, puis analysé mensuellement les résultats.

Nous avons mis en place un système de communication des tableaux de bord, consistant en un feed-back vers les services. Dans ce cadre nous demandions aux directeurs et chefs de service de commenter les résultats bruts aux agents. Puis nous avons bâti un reporting mensuel, c'est-à-dire un ensemble de tableaux de synthèse que nous commentions pour la direction générale et les élus (voir tableaux 2 et 3 en annexe). Par ailleurs nous commentions ce reporting dans les 10 premiers jours du mois n + 1, lors d'une réunion mensuelle qui a été instaurée à notre demande par le DG, et qui s'appelait le « conseil de gestion ».

En fin de compte, les résultats obtenus pendant 2 ans faisaient appel à certaines observations. Ces dernières corroboraient les conclusions du test effectué plus haut, mais avec une certaine accentuation :

■ le taux d'absentéisme atteignait 19 % dans certains secteurs contre 6 % en moyenne dans le secteur privé ;

■ les absences étaient essentiellement dues aux congés pour maladie ordinaire (62 %) ; la démotivation apparaissant comme la cause principale de ce facteur ;

■ les agents de catégorie « C » étaient les plus touchés. Notamment les ATSEM (Agent Territorial Spécialisé des Écoles Maternelles) ; ils représentaient 80 % des cas d'absence. La synthèse des entretiens que nous avons menés à la source indique, que ces agents opérationnels essentiellement féminins ont un très bas salaire et ils « n'ont rien à perdre ». Ces derniers sont par ailleurs « syndiqués » et leurs époux ont parfois « une meilleure situation par ailleurs » dans le privé. De plus ils ont un niveau de formation très bas, et forment une corporation. Ils sont solidaires entre eux, savent qu'ils ne peuvent plus évoluer, et se reposent sur la garantie de l'emploi. On les rencontre essentiellement dans les secteurs de l'éducation (les écoles), du social et de la petite enfance, etc.

■ le dénominateur commun pour tous ces agents était le suivant : le fait d'être absent ne constituait pas un risque pour eux. Ils retrouveraient toujours un emploi à leur retour, soit dans leur propre service, soit un service différent ; mais entre temps, ils continuaient de toucher leur salaire. D'autant plus que dans les mairies, on peut se retrouver du jour au lendemain dans un service ou à un poste pour lequel on n'a pas reçu de formation. Nous avons rencontré le cas d'un ingénieur en bâtiment propulsé au poste de directeur financier, sans expérience significative dans le domaine des finances. Or, on constate sur le terrain que ce principe de formation sur le tas connaît souvent des limites, la conséquence étant souvent la non-qualité du service rendu. Bref, la responsabilité précédente incombe finalement à l'abus de la « logique du statut » critiquée par de nombreux auteurs, et à l'absence de « logique du métier ».

De manière générale, chaque agent se retrouvait avec 2 mois de « congés annuels » par an : 1 mois pour congés annuels légaux, et 1 autre mois d'absentéisme (22 jours /agent /an contre 10 jours /agent /an, avant notre système).

Nous pouvons déduire qu'en créant un système d'information transitoire, avec des tableaux de bord fiables à tous les niveaux hiérarchiques, nous pensons avoir fait naître la confiance. Par ailleurs, nous avons publié les premiers résultats dans le journal interne, ce qui a conduit automatiquement à une prise de conscience par les agents ; d'aucuns notant la suractivité dans les services, et d'autres soulignant le coût global induit. Compte tenu de la lisibilité obtenu sur le problème, avec des tableaux de bord correspondant à chaque niveau hiérarchique, il convenait de réagir.

RECHERCHE DES CAUSES ET PLANS D'ACTION

Étape 25 : Réunion de brainstorming

Pour faire face à cette situation préoccupante, finalement au-delà des prévisions, le DG a convoqué une réunion de brainstorming. Cette dernière aboutissant aux solutions pour tenter de lutter contre l'absentéisme, notamment la « petite maladie ordinaire » qui représente la moitié des absences. Au cours de cette réunion, 7 participants étaient présents, :

- 1 DGS,
- 1 DG Relations humaines,
- 1 DG Ressources,
- 1 DG Actions publiques,
- 1 DG Patrimoine et cadre de vie,
- 1 directeur du personnel,
- 1 CG.

Nous avons proposé de diligenter des actions encourageant la présence des agents dans les services, plutôt que vers les absents. Nous étions convaincus qu'on pouvait agir dessus, pourvu qu'on fasse des efforts pour se rapprocher davantage de l'humain, des identités professionnelles. En effet, les raisons profondes de cette situation sont essentiellement subjectives, par exemple : l'absence de concertation dans les services, les mauvaises relations professionnelles avec son chef de service, l'absence de considération sur le terrain professionnel, la notation à la « tête du client », l'élu qui devient le chef de service, le fait de recevoir des ordres de plusieurs chefs (élu, directeur, chef de service) sans que ces derniers soient d'accord entre eux, etc. Nous avons recueilli des idées émergentes de la part des acteurs sur le terrain (dont les acteurs cibles) sous forme de suggestion. Ce qui nous a aidé à formuler un certain nombre de propositions :

■ attribuer une prime de présence, c'est-à-dire récompenser ceux qui sont présents sur leur lieu de travail, et qui l'assument (**reconnaissance des méritants**). Nous avons souligné, que cet aspect financier n'était pas forcément la priorité de tous les agents sur le terrain. En effet un certain nombre avait d'autres attentes, comme par exemple cet agent qui attendait le changement de son fauteuil troué depuis longtemps ; ou alors la possibilité de pouvoir pratiquer des activités extra-professionnelles, etc. En somme, cette solution a l'avantage de ne pas pénaliser l'absence, dans la mesure où elle procède à la promotion de la présence sous forme d'une indemnité de présence. Toutefois, cette proposition constituait une mesure viable à court terme.

■ reconnaître et revaloriser le travail effectué par les agents, par des mesures d'incitation (souplesse des horaires de travail par exemple) et d'amélioration des conditions de travail. Il convenait en effet par exemple, d'instaurer un système d'avancement pour les personnels qui font preuve d'une assiduité importante. Par ailleurs, des entretiens avec les agents des services à fort taux d'absentéisme ont été programmés rapidement. On a pu inséré par exemple des agents malades grâce à un aménagement d'horaires. C'est le cas par exemple du secteur de l'éducation abordé ci-dessus.

■ redynamiser le secteur des ressources humaines, en passant de l'administration du personnel à une véritable GRH (formation, encadrement, motivation, responsabilisation, sanction, qualité de l'information, dialogue, prévention des accidents de travail, etc.). Cette stratégie de management conduisant à la mise en place d'une véritable politique sociale étalée dans le temps. Nous avons vu par exemple la DG se poser des questions sur le fonctionnement interne des services, sur la satisfaction des attentes des agents, etc.

Toutefois, la prise en compte de ces mesures managériales adoptées nécessitait un savant dosage. Ces dernières ont été présentées à l'exécutif municipal par le DGS, en tant que responsable de l'administration (en l'absence du CG). Puis elles ont reçu l'approbation de l'élu adjoint au personnel et du maire. Cependant leur application impliquait une négociation préalable avec la représentation syndicale, avant le vote définitif par le conseil municipal.

Étape 26 : Négociation

Une réunion du CTP (Comité Technique Paritaire) a été programmée par le management ; aboutissant à la validation des mesures proposées.

Nous rappellerons que cette instance paritaire est composée de deux collèges :

- les représentants de l'exécutif municipal (les acteurs politiques de la majorité municipale) : 9 membres ;
- les représentants des agents (les syndicats) : 6 élus CGT et 3 élus CFDT.

Cette réunion s'est déroulée sans la présence du CG (il n'est pas membre du CTP). Une partie des syndicats a refusé le nouveau régime indemnitaire, soulignant que ce dernier pouvait favoriser les uns au détriment des autres. Toutefois, le CTP restant un organe consultatif, il convenait d'entériner de manière politique les mesures précédentes.

Étape 27 : Décision politique

Cet ensemble de mesures ayant une incidence financière sur le budget du fonctionnement, il devait recevoir l'approbation de l'assemblée délibérante. Cette étape s'est déroulée en deux phases :

- le vote de la délibération en conseil municipal, portant sur la prime de présence (en effet les deux autres mesures précédentes n'étant pas d'ordre politique, le vote par l'assemblée délibérante n'était pas obligatoire) : la majorité municipale a voté pour. Elle a néanmoins émis des réserves sur la prise en compte des congés annuels, et des accidents de travail, dans le calcul de la prime. Quant aux élus de l'opposition municipale, une partie s'est abstenue et une autre a voté contre.
- le versement de la prime aux agents présents en fonction de certains critères.

NB : dans les mois qui ont suivi le début du versement de la prime de présence, et la mise en place d'une véritable DRH, nous avons enregistré une **augmentation croissante des présents**, avec une baisse du taux d'absentéisme. Cette baisse s'est poursuivie sur plusieurs années comme le montrent les tableaux 6 et 7 en annexe. De même, nous avons observé une forme d'appropriation des outils par les acteurs de terrain ; celle-ci se manifestait par une attente forte des résultats du mois précédent, pour son service et pour l'ensemble de la municipalité. Les agents n'hésitaient pas à téléphoner au contrôleur de gestion, lors d'une demande supplémentaire de moyens auprès de la hiérarchie, pour avoir leur tableau de bord afin de **prouver leur situation de sur-activité, mais surtout de sous-effectif**. Certains agents faisaient par ailleurs la publicité du système auprès des autres administrations à l'extérieur. Enfin, nous avons demandé l'informatisation de l'ensemble du système (qui a eu lieu par la suite), ainsi que le transfert de la gestion de ce dernier du CG à la DRH, à la grande satisfaction du directeur du personnel.

Le délai assez long de la conduite de ce changement (40 jours d'intervention effective sur environ un an) est essentiellement dû à un certain nombre de facteurs :

- la sensibilité du problème qui au départ relevait du tabou (calcul tenu secret par le directeur) ;

- le système d'information manuel et lourd dès le départ, car il fallait compléter tous les tableaux de bord à la main. L'observation précédente était valable pour l'ensemble des acteurs ;

- la recherche d'informations fiables afin de détecter les véritables causes de l'absentéisme, et de trouver les solutions adéquates pour développer plus de présentéisme ;

- l'apprentissage forcément progressif des différents acteurs sur le terrain, dû à l'instauration d'une nouvelle culture de gestion des absences, nécessitant de prendre de nouvelles habitudes.

Annexe 4 :
L'impact du changement
(avant et après
le versement de la prime)

Évolution annuelle de l'absentéisme pour maladie ordinaire

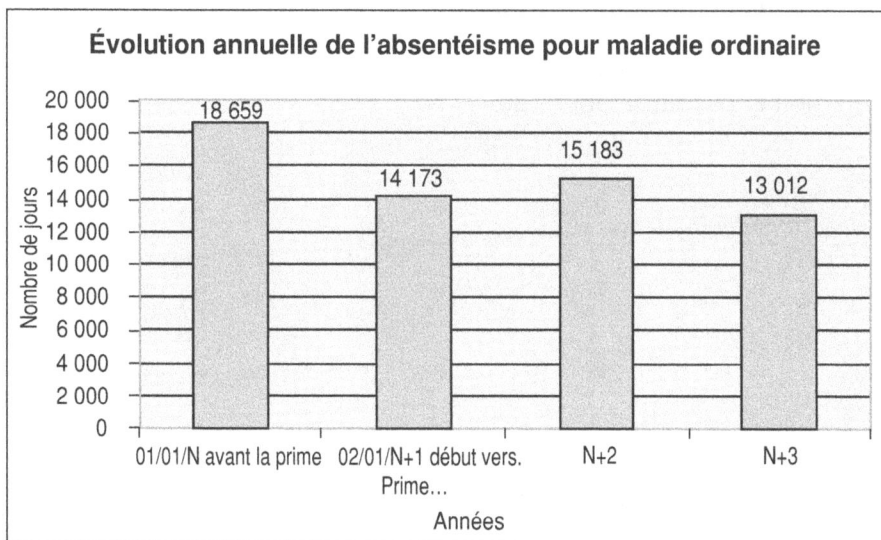

Annexe 5 : Tableaux types à réutiliser

Tableau 1 : « **annexe de base** » à usage interne dans le service.

Tableau 2 : Absentéisme global de la mairie, présenté par direction et par cause pour l'année N.

© Éditions d'Organisation

Tableau 1 : « **annexe de base** » à usage interne dans le service.

Noms & prénoms des agents		Jours du mois de ...							Total causes d'absentéisme en jours							Total général
		1	2	3	4	...	30	31	mal	at	mat	form.	asa	divers	ca	
	m (*)															
	a m (**)															
	m															
	a m															
	m															
	a m															
	m															
	a m															
	...															
	...															
Total																

(*) m : matin ;
(**) a m : après-midi
mal : maladie – exemple : 1 mal, 0,5 mal, 3/7 mal, etc.
at : accident de travail
mat. : maternité
form. : formation
asa : autorisation spéciale d'absence
une mini application informatique réalisée sur le tableur Excel permet d'effectuer le calcul des absences par cause, dans la partie « total des causes d'absentéisme en jours ».

Tableau 2 : absentéisme global de la mairie, présenté par direction et par cause pour l'année N.

Pour permettre des comparaisons pertinentes entre directions, nous avons présenté ce tableau de manière décroissante en fonction des effectifs.

Intitulés	Effectif moyen	Maladie		Accident de travail		Maternité		Formation		ASA		Divers		Total	
		Jours	%	Jours	%	Jours	%	Jours	%	Jours	%	Jours	%	Jours	Taux %
1 Éducation	230	7 025	8 %	285	0,3 %	807	1 %	209	0,4 %	314	0,5 %	196	0,3 %	8 835	11 %
2 CTM	171	3 582	6 %	854	1 %			214	0,5 %	131	0,3 %	310	1 %	5 090	9 %
3 Action Sociale	155	3 314	6 %	116	0,2 %	926	2 %	273	1 %	225	0,6 %	176	0,5 %	5 030	9 %
4 Administration Générale	126	2 330	5 %	238	1 %	423	1 %	391	1 %	127	0,4 %	85	0,3 %	3 592	8 %
5 Affaires Culturelles	84	334	1 %	47	0,2 %	450	1 %	133	1 %	60	0,3 %	115	1 %	1 138	4 %
6 Sports	66	1 173	5 %	44	0,2 %	308	1 %	264	2 %	66	0,4 %	60	0,4 %	1 914	9 %
7 Finances	26	1 002	11 %	57	1 %	140	1 %	190	3 %	27	0,4 %	23	0,3 %	1 438	16 %
8 Directions (*)	23	33	0,4 %	(**)				200	3 %	9	0,1 %	15	0,3 %	257	4 %
9 MQ et de la Jeunesse	22	405	5 %	1	0,0 %	157	2 %	118	2 %	71	1,2 %	38	1 %	789	11 %
10 Communication	18	283	4 %	10	0,2 %			63	1 %	10	0,2 %			365	6 %
11 R.Humaines	16	366	6 %			111	2 %	71	2 %	16	0,39 %	8	0,2 %	571	10 %
12 Cabinet /DG /DGA	14	77	2 %					38	1 %	2	0,0 %	1	0,0 %	117	3 %
13 Dév. Economique	7	76	3 %					28	2 %	9	0,4 %	3	0,2 %	115	5 %

Intitulés	Effectif moyen	Maladie		Accident de travail		Maternité		Formation		ASA		Divers		Total	
		Jours	%	Jours	%	Jours	%	Jours	%	Jours	%	Jours	%	Jours	Taux %
14 Direction Services Techniques.	6	221	11 %					5	0,40 %	8	0,5 %	4	0,3 %	238	12 %
15 Systèmes Informatiques	6	118	5 %					3	0 %	3	0,2 %	20	1 %	144	7 %
16 Aménagement Urbain	6	151	7 %			227	10 %	57	4 %	16	0,9 %	1	0,0 %	451	21 %
17 Patrimoine	5	159	8 %					15	1 %	8	0,6 %			182	10 %
18 Voirie /circulation	3	14	1 %					21	3 %			1	0 %	35	4 %
19 Développement	2	8	1 %					2	0 %	1	0,2 %	19	4 %	29	5 %
20 Environnement	2	1	0,2 %					7	2 %	1	0,1 %	3	1 %	11	2 %
21 Projets urbains	2	146	17 %									10	2 %	156	19 %
Total général	990	20 818	6 %	1 652	0,4 %	3 549	1 %	2 298	1 %	1 099	0,4 %	1 083	0,4 %	30 498	9 %
Absentéisme /agent/ jours		21,0		1,7		3,6		2,3		1,1		1,1		30,8	

(*) cette ligne comprend l'ensemble des directeurs, y compris les membres de la direction générale et le CG.
(**) les cellules vides signifient qu'aucune absence n'a été enregistrée pendant le mois considéré.

Dans ce tableau on constate un absentéisme global de 30 498 jours pour l'année N, soit 30,8 jours d'absence en moyenne par agent /an. Celui-ci s'explique par les absences de type médical, notamment la maladie qui représente 68,3 % de l'ensemble ; soit près de 21 000 jours par an au niveau de la mairie. En effet chaque agent aura été absent 21 jours en moyenne cette année pour cause de maladie.

Tableau 3 : évolution mensuelle des absences pour **maladie** (toutes maladies confondues), présentée par direction pour l'année N.

	Effectif	Janv.	Fév.	Mars	Avril	Mai	Juin	Juil.	Août	Sept.	Oct.	Nov.	Déc.	Cumul	Moyenne/agent
Éducation	230	671	590	565	590	671	730	505	602	516	507	551	527	7 025	30,5
CTM	171	224	201	234	329	289	321	234	293	316	330	386	425	3 582	20,9
Action sociale	155	221	225	258	233	221	245	263	335	323	319	340	331	3 314	21,4
Administration générale	126	185	211	210	209	212	219	201	186	183	167	174	173	2 330	18,5
Affaires Culturelles	84	55	113	34	17	12	25	5	3	8	20	21	21	334	4,0
Sports	66	153	123	136	158	116	116	37	19	27	76	82	130	1 173	17,8
Finances	26	65	57	44	43	55	62	77	88	109	127	146	129	1 002	38,5
Directions (*)	23	(**)	14		4				15					33	1,4
MQ et de la Jeunesse	22	11	36	63	67	47	58	27	44	20	2	5	25	405	18,4
Communication	18	11	0	3	33	7	29	36	34	38	31	30	31	283	15,7
R..Humaines	16	22	7	7	28	47	55	34	35	34	34	32	31	366	22,9
Cabinet /DG/DGA	14		2	14		31		2	3		11		14	77	5,5
Dev. économique	7	17	17				13	26		1	2			76	10,9
Direction Services Techniques.	6		32	1	12		14			5	35	60	62	221	36,8
Aménagement Urbain	6	16	46			9	3			10	13	11	10	118	19,7
Systèmes Informatiques	6	24	20	29	29	24				25				151	25,2
Patrimoine	5		4	23	36	7	15	10	3	3	3	2	56	159	31,8
Voirie /circulation	3		4	1	4		3			2				14	4,7
Développement	2		5					3						8	4,0
Environnement	2						1							1	0,5
Projets urbains	2		18	18	21	31	30				6	22		146	62,6
Total général	990	1675	1725	1640	1813	1779	1939	1460	1657	1620	1683	1862	1965	20818	21,0

(*) cette ligne comprend l'ensemble des directeurs, y compris les membres de la direction générale et le CG.
(**) les cellules vides signifient qu'aucune absence n'a été enregistrée pendant le mois considéré.

Pour permettre des comparaisons pertinentes entre directions, nous avons présenté ce tableau de manière décroissante en fonction des effectifs.

Ce tableau indique plus de 20 800 jours d'absence pour maladie sur l'année considérée, avec un effectif global de 990 agents. À noter que chaque agent est absent en moyenne 21 jours par an. Soit environ 1 mois en jours ouvrés, ce qui est énorme. De plus les absences pour maladie ordinaire représente 90 % du total ci-dessus. Ce qui laisse supposer des possibilités d'action par le management dans ce domaine.

6

Études de cas choisies dans le réseau des œuvres universitaires

Nous avons choisi les deux cas qui suivent parce qu'ils démontrent la variété d'application possible de notre démarche, qui permet de conduire un projet de changement dans quelque domaine que ce soit. Nous avons vu au chapitre précédent une utilisation dans le secteur du contrôle de gestion et de la gestion des ressources humaines. Nous allons maintenant observer comment elle peut s'appliquer, d'abord à la mobilisation des membres d'une organisation autour d'un projet d'établissement, puis au rétablissement financier d'un autre organisme du même type en difficulté.

LA CONSTRUCTION COLLECTIVE D'UN PROJET D'ÉTABLISSEMENT

Comme nous l'avons indiqué plus haut, nous ne nous appesantirons ici que sur les points-clés qui diffèrent notamment de l'étude de cas précédente. Nous ferons également, bien sûr, un résumé de l'ensemble du travail accompli. C'est pourquoi nous évoquerons successivement l'analyse du contexte, la première création de réseau innovant aboutissant à un « projet de projet » et enfin, la deuxième constitution de réseau finalisant le projet d'établissement.

L'analyse du contexte

L'une des particularités importantes de cette étude de cas par rapport à la précédente consiste dans l'attribution de la mission à un **consultant extérieur** à l'organisation. En effet, dans le chapitre précédent, c'est le contrôleur de gestion lui-même, nouvellement recruté, qui était chargé d'aider à la maîtrise de l'absentéisme. Suivant le cas, les marges de manœuvre et les méthodes utilisables ne sont pas tout à fait les mêmes ; nous le soulignerons chaque fois que possible et notamment dès le premier point qui touche au choix effectué par le directeur.

➡ Le choix du consultant

Le directeur de l'établissement régional concerné (Centre Régional des Œuvres Universitaires et Scolaires) approchait de la retraite et comptait obtenir de la direction nationale une prolongation exceptionnelle de quelques années. Le consultant avait été présenté auparavant à tous les directeurs régionaux par le directeur du réseau national, comme devant développer progressivement le contrôle de gestion dans l'institution.

Par ailleurs, le directeur régional avait affronté un conflit provoqué par ses assistantes sociales, qui l'avait conduit à se faire « conseiller » par son recteur l'élaboration d'un projet d'établissement. D'où l'idée de recruter le consultant précédent, afin de **séduire la direction nationale** et l'échelon régional. Une fois de plus, on constate que la décision concernée présentait un contenu fortement politique, ce qui caractérise pour nous le management public.

⇒ **Le choix de la méthode**

La méthode d'analyse que nous avons retenue était facilitée par notre position de consultant. Il s'agit d'une démarche inspirée par P. Goguelin[1]. Elle se déroule en trois temps :

■ **entretiens non directifs**, fondés sur le volontariat, avec garantie d'anonymat. Rappelons qu'un entretien non directif consiste à faire parler le plus possible et spontanément l'interviewé, afin de laisser affleurer les préoccupations authentiques de celui-ci. Cela, pour apprécier le contexte du problème et les interfaces avec d'autres domaines d'action non envisagés à l'origine et qui peuvent se révéler déterminants.

■ **entretiens semi-directifs**, dont les thèmes auront émergé de l'étape précédente. Il ne s'agit pas de formuler des questions préparées à l'avance, mais d'improviser en laissant une part de spontanéité à l'interviewé, tout en s'assurant qu'au bout de l'entretien on aura abordé tous les thèmes sélectionnés *a priori*. Cette phase a pour but d'effectuer une première validation des points identifiés au début de la démarche.

■ **questionnaire anonyme** adressé à l'ensemble du personnel. Cette dernière étape a pour but à la fois de valider scientifiquement les opinions exprimées précédemment et de préparer la construction du futur projet d'établissement.

Cette méthode est donc à cheval sur l'analyse du contexte et la création des premières boucles d'innovation auprès des acteurs impliqués dans le changement. D'où notre présentation : nous considérerons que les premiers entretiens contribuent à l'analyse du contexte, alors que les deux phases suivantes participent de l'initialisation du changement.

⇒ *L'approfondissement de l'analyse du contexte*

Nous traiterons donc ici des principaux résultats obtenus à l'issue des dix entretiens non-directifs, menés en « diagonale de

---

1. Cf. P. Goguelin : *Le management psychologique des organisations*, EME, 1990.

l'organigramme », aussi bien auprès de chefs de service que de veilleurs de nuit. Il en ressortait des enseignements soit spécifiques au domaine de la restauration, soit généraux.

En matière de restauration, existait une véritable **angoisse** qui s'est concrétisée par exemple par des crises de larmes en plein entretien, chez des personnels masculins. Elle était alimentée par la baisse de fréquentation des restaurants universitaires par les étudiants, couplée à l'absence de garantie de l'emploi pour ces personnels ouvriers. Par ailleurs, le fonctionnement de ces établissements était handicapé par une **pesanteur administrative**. Un exemple : « Pour un menu italien, il a fallu s'y prendre un mois avant ! ».

Les autres difficultés concernaient le fonctionnement d'ensemble du CROUS. Le schéma ci-après les résument.

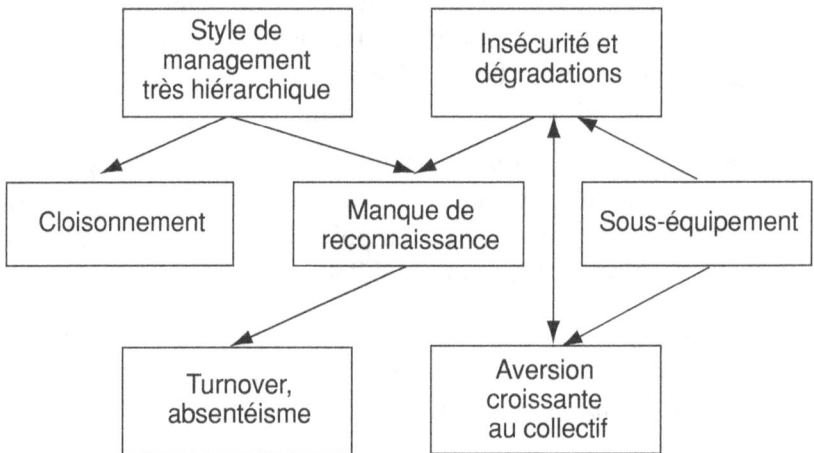

Presque tous les entretiens ont fait ressortir un **style de management très directif**, privilégiant la communication descendante, sans écoute ou présence sur le terrain : « Un repas du directeur avec ses assistantes sociales en quatorze ans ! ». Ce comportement avait pour conséquence un fort cloisonnement entre services, se manifestant de multiples manières. Ainsi, même entre résidences universitaires de la même ville, très peu de contacts existaient parmi les responsables.

Ce style de direction alimentait aussi le **manque de reconnaissance** des efforts accomplis par les personnels. Ce sentiment était encore renforcé par l'attitude de nombreux étudiants, de plus en plus réticents à une vie en collectivité. Attitude entretenue par l'insécurité vécue dans certaines résidences et restaurants ainsi que les dégradations volontaires. L'une des causes de ce comportement pouvant être le sous-équipement : pas de salle commune en résidence ou de salle de sport, etc.

Au final, **l'absentéisme et le turnover atteignait des niveaux alarmants**. C'est ainsi que des services entiers pouvaient se renouveler complètement à chaque entrée, avec les problèmes de formation sur le terrain qu'on imagine. Le taux d'absentéisme « de confort » pénalisait fortement l'activité des restaurants, souvent prévenus au dernier moment, alors qu'il fallait fournir le repas pour midi.

Nous constatons donc qu'avec un nombre assez faible d'investigations, on met à jour des éléments fondamentaux du contexte, qui vont influer de manière décisive sur la suite de la démarche, comme nous allons le voir.

La première boucle d'innovation

Suite à cette première série d'entretiens se sont manifestés des acteurs dont nous ne pensions pas, à tort, qu'ils souhaiteraient s'impliquer : **les syndicats**. Ayant sans doute perçu dans la méthode et le déroulement des interviews un espoir de réel changement, ils ont revendiqué une place au comité de pilotage, qui leur a été accordée. Tout au long du déroulement de la mission, ils auront contribué de manière très positive.

➡ Les entretiens semi-directifs

Les vingt entretiens semi-directifs ont permis d'une part de valider plusieurs des constats précédents et d'autre part, de fournir des pistes d'amélioration. Nous distinguerons les constats majeurs des orientations possibles pour l'avenir.

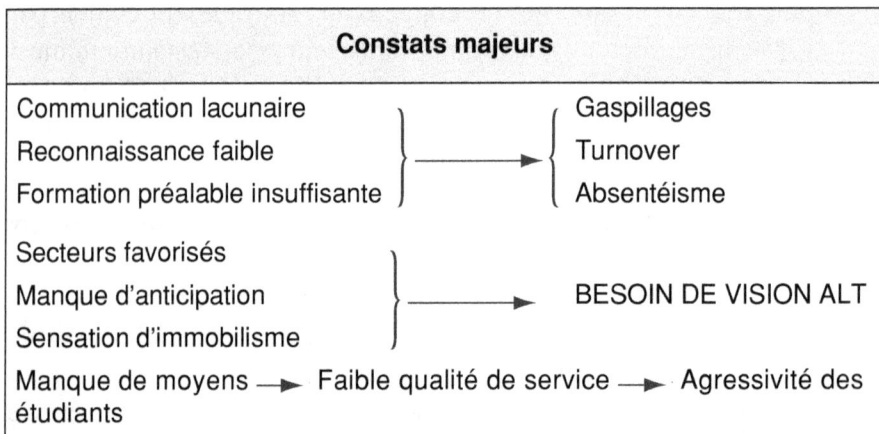

Constats majeurs

Communication lacunaire
Reconnaissance faible
Formation préalable insuffisante } ⟶ { Gaspillages
Turnover
Absentéisme

Secteurs favorisés
Manque d'anticipation
Sensation d'immobilisme } ⟶ BESOIN DE VISION ALT

Manque de moyens ⟶ Faible qualité de service ⟶ Agressivité des étudiants

---

Les constats précédents ont donc été confirmés et enrichis, avec l'apparition de la mention de gaspillages, du sentiment de l'absence de buts et de la faible qualité de service. Ces approfondissements ont permis d'évoquer au cours des mêmes entretiens les pistes d'amélioration possible pour l'avenir.

Pistes d'amélioration fondamentale

■ au niveau des objectifs :
– affirmer une vision à long terme et des valeurs ;
– recenser les besoins par activités en définissant des priorités ;
– mobiliser autour des gaspillages pour dégager des ressources.

■ au niveau des moyens :
– développer la communication transversale et ascendante ;
– former l'encadrement au management des ressources humaines ;
– prendre rapidement une mesure symbolique.

Le premier souhait des participants confortait la poursuite de la démarche de projet, dont le but est précisément indiqué par ce premier objectif. Le dernier point a été rajouté par le consultant, pour tenir compte du contexte défavorable en matière de management. En effet, pour espérer pouvoir enrôler une grande partie du personnel dans la suite du projet d'établissement, il fallait que la direction donne « **un gage** » de sa volonté nouvelle d'écoute, manifestée par le lancement dudit projet. Nous lui avons suggéré une mesure peu coûteuse, à forte portée symbolique : le recrutement d'une personne chargée d'accueillir les étudiants au siège du CROUS. Par mesure d'économie, le hall d'accueil n'était garni que d'affiches et de documents d'information. Les étudiants erraient dans les services pour demander des renseignements complémentaires et perturbaient donc le fonctionnement courant de nombreuses personnes.

⇒ Le questionnaire anonyme

À la fois pour valider scientifiquement les opinions recueillies jusque-là auprès d'un nombre relativement faible de salariés et pour tenter d'impliquer le maximum de personnel, nous avons envoyé à chaque salarié, avec son bulletin de paie, un **questionnaire anonyme** qui reprenait les principaux points relevés à l'étape précédente, avec un souci d'ouverture sur l'avenir. Une opinion précise était demandée sur les trois points suivants :

■ les conditions de travail ;

■ la communication et la qualité de service ;

■ les améliorations prioritaires à réaliser.

Sur 553 personnes touchées, près de **60 % ont rempli le questionnaire**, ce qui montrait que la mobilisation restait possible. Les principaux résultats furent les suivants :

■ 54 % des personnels sont **insatisfaits des conditions de travail**. Pour eux, les améliorations à apporter en priorité sont les suivantes :

1° La réduction de la charge de travail

2° L'aménagement des locaux

3° La sécurité des biens et des personnes

4° L'équipement nécessaire au travail

■ la communication :
- entre collègues d'un même service ; 70 % du personnel en est satisfait
- avec la hiérarchie directe ; 56 % en sont satisfaits
- avec la direction générale ; **22 %** en sont satisfaits
- avec les collègues du même métier sur d'autres sites ; 45 % de satisfaits
- avec les collègues d'autres services ; 40 % de satisfaits
- avec les partenaires régionaux (université, etc) ; 29 % de satisfaits.

■ les améliorations prioritaires :
1° Améliorer la communication / concertation / coordination

2° Valoriser les ressources humaines

3° Réorganiser le travail

4° Augmenter le niveau de qualité de service

Nous avons par ailleurs étudié **les corrélations** entre ces réponses et plusieurs variables susceptibles de les influencer.

Variables susceptibles d'influence

Métier : les services de la vie étudiante et les administratifs attendent prioritairement un aménagement des locaux, alors que les personnels de la restauration privilégient la réduction de la charge de travail comme ceux de l'hébergement, qui y ajoutent la sécurité.

Accueil des étudiants : les services administratifs et ceux de la vie étudiante (bourses notamment) sont beaucoup plus sévères que les personnels des autres services sur l'accueil des étudiants ; plus de 80 % en sont insatisfaits.

Mission : ceux qui pensent qu'on arrive à concilier mission sociale et respect du budget au CROUS, sont plutôt des personnels administratifs, diplômés et occupant une fonction d'encadrement. Le personnel administratif est plus sensible à l'affirmation de la dimension sociale, alors que les personnels ouvriers privilégient pour l'avenir la promotion des services fournis aux étudiants.

Communication : les opinions formulées sur la communication sont comparables dans tous les métiers ; il s'agit donc d'une opinion générale partagée.

Améliorations prioritaires :
- l'amélioration du service rendu est une préoccupation forte dans les restaurants ;
- la réorganisation du travail est surtout souhaitée par le personnel ouvrier.

Nous constatons donc que les premiers constats ont été confirmés et leur poids relatif estimé. Par ailleurs, l'ampleur du retour des questionnaires, ainsi que les propositions formulées par les salariés montraient que le **potentiel de rebond** existait, malgré des années de malaise. Il aurait suffi d'un geste de la direction, tel que celui que nous lui avions suggéré. Malheureusement, aucune décision témoignant d'une réelle volonté d'amélioration ne fut prise. Et le reste de la démarche s'en ressentit.

La deuxième boucle d'innovation

Le stade suivant du projet consistait bien sûr à mobiliser les salariés dans la réflexion sur les valeurs, le « projet » et les plans d'action susceptibles d'en marquer le début d'application. Auparavant et comme le souci de qualité de service avait émergé des phases précédentes, nous avons mené une enquête auprès des étudiants.

➡ L'enquête auprès des étudiants

Pour des raisons d'économie budgétaire, nous avons mené une étude auprès de 108 étudiants seulement. Nous avons ensuite traité également les réponses à l'aide d'un logiciel spécialisé. Nous nous limiterons aux résultats les plus significatifs. Ils concernent d'une part les opinions constatées et d'autre part, les souhaits d'amélioration.

En ce qui concerne l'opinion des étudiants sur les services dont ils bénéficient, s'ils sont très satisfaits de l'hébergement universitaire (86 % le conseilleraient à des amis), ils le sont nettement moins du service des bourses (42 % seulement de satisfaits). Quant à la restauration, la qualité et la variété apparaissent comme la première source de mécontentement (mentionnée par 49 % des répondants), suivie de l'attente (17 %) et de la quantité insuffisante (15 %).

Les principales pistes d'amélioration **rejoignent largement le sentiment des salariés** du CROUS puisqu'elles placent au premier rang l'accueil physique et téléphonique. Viennent en second la sécurité, l'hygiène et le confort des résidences, puis l'accès à l'information, ensuite l'accueil dans les restaurants et enfin, la réduction du temps de traitement des dossiers.

Cette étude permettait donc de fournir un tremplin commode à la phase suivante : la construction collective du projet d'établissement.

➡ La méthode de mobilisation des salariés

Après le succès du questionnaire, il était raisonnable d'envisager un taux de réponse important à l'appel au volontariat visant à créer des groupes de travail. **À peine une vingtaine de salariés** se manifestèrent ! La direction était ainsi désavouée, son discours ne passait plus. D'ailleurs, nous avons bien senti alors que nous seuls et les vingt volontaires manifestions désormais l'intention de mener à bien le projet d'établissement. La direction, au lieu de rebondir sur les pistes d'avenir manifestées dans les nombreuses réponses, s'était crispée sur le faible taux de satisfaction affiché à l'égard de sa communication (voir plus haut).

Nous avons poursuivi l'action en soutenant de plus en plus directement le changement. Nous avons d'abord élaboré une **maquette de projet**, fondée sur une image populaire : l'équipe de football. Sa première page reproduisait donc le dessin d'une équipe de football, parmi laquelle circulait un ballon se dirigeant vers les buts, sous le regard encourageant de l'entraîneur, avec le slogan : « Projet d'équipe, projet gagnant ». La page suivante était consacrée à la reprise des principaux souhaits émergeant des réponses au questionnaire, regroupées en trois rubriques correspondant au dessin :

- un but, et nous déclinions dessous les objectifs possibles pour le CROUS ;
- une équipe, et nous recensions ensuite les valeurs animant ce collectif ;
- un coach, et nous reprenions les souhaits relatifs à l'encadrement.

Cette maquette fut approuvée par la direction, puis soumise à la discussion des deux groupes de travail que nous avions réunis sur deux après-midi. Outre l'image et le slogan, nous les avons d'abord fait réfléchir sur les phrases relatives à chaque rubrique, en laissant la **porte ouverte aux reformulations**, aux suppressions, voire aux ajouts de thèmes que nous aurions oubliés. La seconde demi-journée fut consacrée à la création des plans d'action susceptibles de commencer à mettre en œuvre rapidement les « belles paroles » précédentes.

➡ Les résultats du brainstorming

Le travail accompli par les deux groupes fut très positif puisque dans ce court laps de temps, la cible fut atteinte, avec en particulier un changement important dans l'image symbole du CROUS ; **les participants préférèrent celle de l'orchestre**, sans que le chef d'orchestre ne soit visible. On comprend, suite aux constats antérieurs, pourquoi même les présents ne souhaitaient pas une présence trop ostensible du chef ! Et donc, le slogan devint : « une œuvre, un groupe, un souffle ». Celui-ci en plus renfermait le terme d'œuvre, présente dans l'appellation même de l'organisation.

Par ailleurs, une **liste des plans d'action** fut élaborée, avec la date d'achèvement souhaitée par les membres des deux groupes, afin de donner une idée du degré d'urgence qu'ils y attachaient. Le projet final est reproduit dans l'annexe 1 à ce chapitre.

ÉPILOGUE

La mission qui avait nécessité 24 jours d'intervention du consultant ne permit pas au directeur de se maintenir à son poste. Le nouveau directeur, convaincu de la justesse des souhaits exprimés aussi bien par l'ensemble du personnel que par les deux groupes de réflexion, mena tous les plans d'action à leur terme.

L'AIDE AU RÉTABLISSEMENT FINANCIER D'UN SECOND CROUS

Comme indiqué plus haut, nous avons choisi le même type d'établissement pour démontrer que, confronté à une situation radicalement différente, le même genre d'organisation peut recourir également à notre méthode pour conduire le changement.

L'analyse du contexte

Dans cette étude de cas également, c'est un consultant qui intervient pour aider à conduire le changement. Nous commencerons donc comme dans la section 1, par les circonstances du choix de l'intervenant, puis nous poursuivrons par la méthode utilisée pour étudier le contexte. Cependant nous verrons que l'adaptation nécessaire à la mission modifie ensuite parfois l'ordre des séquences.

➡ **Le choix du consultant**

Le CROUS concerné était dans une situation financière délicate. Il s'était appauvri de 4,5 millions de francs (686 000 euros) lors du dernier exercice. Le ministère des Finances exigeait par l'intermédiaire du contrôleur financier, des mesures concrètes avant d'approuver un budget modificatif.

Le nouveau directeur du CROUS, en place depuis six mois, après avoir mené son diagnostic personnel, souhaitait disposer d'une **analyse indépendante** pour entamer les actions nécessaires vraisemblablement douloureuses qui pouvaient s'ensuivre ; les premières mesures présentées aux syndicats avaient fait l'objet d'une **forte médiatisation** dans la presse locale.

C'est la direction nationale du réseau qui proposa un cabinet de conseil, dont la méthode s'écartait d'une simple démarche d'audit financier.

➡ Le choix de la méthode

L'intervention aurait pu se limiter à un audit externe, à dominante financière. Cette solution présentait l'inconvénient d'en rester à la dimension négative de la situation : constat de dérives antérieures, réduction ou redéploiement nécessaire d'effectif, etc. C'est pourquoi une approche plus large **d'audit opérationnel** fut proposée.

L'audit opérationnel recouvre essentiellement l'évaluation de la situation d'une organisation du point de vue des performances de son fonctionnement et de l'utilisation de ses moyens. Mais il ne vise pas seulement à dresser un constat des forces et faiblesses du fonctionnement d'une organisation ; en créant le consensus le plus large possible autour du constat, il vise aussi à créer une dynamique de progrès autour d'orientations générales, dites « axes d'amélioration », puis à les décliner sous forme de leviers concrets, d'actions propres à en garantir la portée effective. Tout l'art d'un redressement consiste en effet à **faire d'une crise une opportunité,** notamment en utilisant un langage **positif** (le langage du changement). On n'enrôlera jamais des acteurs dans la poursuite de réductions de coûts, d'économies budgétaires ou de diminution de moyens, sans avoir un vrai projet derrière.

Compte tenu de l'urgence de la situation, le consultant décida de réduire fortement le champ d'étude, grâce à l'identification des causes de la dégradation financière. Le diagnostic du directeur aboutissait à privilégier l'activité de restauration, comme source principale de la dérive. D'où la démarche suivante en deux temps successifs :

■ diagnostic financier et économique portant sur 1995-2000, validant éventuellement la restauration comme source majeure de la détérioration des résultats ;

■ si cette analyse était confirmée, entretiens individuels (compte rendu préservant l'anonymat) avec le chef de cuisine et le directeur de chacun des sept principaux restaurants du CROUS d'une part et les responsables syndicaux d'autre part. Ces rencontres avaient pour but d'identifier les facteurs de performance et de coût, propres à chaque établissement et de jauger du climat social sur le terrain, en se déplaçant sur plusieurs sites.

Contrairement aux cas précédents, l'analyse du contexte a donc été menée en partie après un premier diagnostic. La situation l'exigeait. Cependant, toute la documentation disponible pour une telle analyse (études nationales concernant ce CROUS, statistiques sur l'évolution de l'enseignement supérieur dans l'académie, etc) a été recueillie et analysée dès le début de la mission. Pour se limiter néanmoins à l'essentiel, nous décrirons maintenant les diffférentes « boucles » de déroulement du changement.

La première boucle d'innovation

Cette étape a commencé par le diagnostic économique et s'est poursuivie par les entretiens individuels.

➡ Le diagnostic économique

Nous ne ferons que résumer très sommairement cette phase assez classique, en commençant par une comparaison entre le taux d'augmentation du chiffre d'affaires sur les six dernières années (noté CA +) et celui des principales catégories de coûts.

L'évolution des coûts

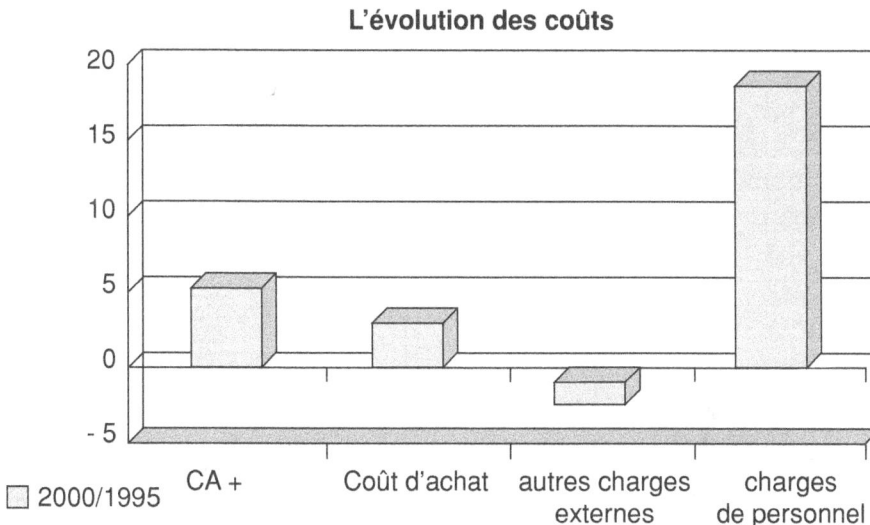

© Éditions d'Organisation

Il est clair que c'est **l'augmentation excessive de la masse salariale** (environ 3,5 % par an sur la période) qui est à l'origine de la dégradation du résultat. Si sa variation annuelle n'avait été que de 2 %, soit environ 10,5 % sur la période, le bénéfice aurait été en 2000 de près de 5 millions de francs, soit sensiblement celui de 1995.

Dans cette augmentation, c'est bien la restauration qui a provoqué cette dérive, comme le démontre le tableau ci-dessous.

Année	Hébergement		Restauration	
	Emplois	*Recettes*	*Emplois*	*Recettes*
1995	227,5	92,9	262,5	47,5
1996	230,2	93,5	268	49,1
1997	229	95,8	269,5	50,5
1998	228,5	98,7	270	51
1999	228,5	98,5	281*	49,2
2000	232	96,7	283,5	49,7

* Ouverture d'un nouveau restaurant.

Nous constatons que l'augmentation de l'effectif dans le domaine de l'hébergement (+ 2 %) est moitié moindre que celle de l'activité (+ 4 %). En revanche, l'augmentation de 21 emplois en restauration n'est pas justifiée par la variation de l'activité qui est inférieure de moitié dans sa progression (+ 4 %). Le constat est encore **plus frappant** si nous raisonnons par rapport à la véritable variation de l'activité, telle qu'elle est mesurée par le nombre de repas servis.

1995		2000	
Nombre de repas servis	**Nombre d'emplois**	**Nombre de repas servis**	**Nombre d'emplois**
3 222 200	262,5	2 791 867	283,5

Alors que l'activité a baissé de 14 %, l'effectif en restauration a augmenté de 8 %. Si on était resté au même niveau de repas servis par agent qu'en 95, le nombre d'emplois aurait été de 227,5, **soit une économie théorique de 56 postes** (théorique parce qu'une partie du personnel dans un restaurant est nécessairement fixe).

L'hypothèse du directeur étant validée, nous avons entrepris la réalisation d'une trentaine d'entretiens individuels, aussi bien auprès de responsables de sites de restauration, que d'employés de base et de syndicalistes.

⇒ **Les entretiens individuels**

Les entretiens individuels avaient plusieurs objectifs, plus ou moins influencés par la nature de l'étude :

■ **approfondissement de l'analyse du contexte** : climat social, culture dominante, angoisses vis-à-vis de l'audit, etc ;

■ définition des variables pertinentes par les acteurs de terrain pour comparer les restaurants appartenant à ce CROUS, avec des établissements semblables dans d'autres régions ; l'idée était d'une part de légitimer davantage encore la démarche auprès des personnels en montrant que la situation était anormale par rapport à d'autres sites comparables et d'autre part, de trouver ailleurs si possible des astuces et méthodes pour mieux gérer (**benchmarking**[1]) ;

■ recueil d'idées sur les possibilités de **développement de l'activité** et d'amélioration du fonctionnement.

Nous avons, au cours de cette phase, rencontré plusieurs syndicalistes mais un rendez-vous programmé avec le représentant d'un des syndicats concernés n'a pas été honoré par celui-ci, sans explication. Il faut dire que la pression médiatique continuait à être entretenue. Une illustration de plus qui démontre la

---

1. Rappelons que le *benchmarking* (de l'anglais *benchmark*, qui signifie étalon de mesure) consiste d'abord à se comparer à d'autres, puis, après avoir identifié les meilleurs, à tenter de transposer leurs méthodes.

pertinence du modèle tourbillonnaire, avec ces acteurs qui divergent à un moment donné du processus de changement.

Cependant, cette opposition est restée isolée et malgré les appréhensions, la **coopération des acteurs** de terrain s'est révélée très positive. Elle a fait mettre à jour des éléments très précieux dans les trois directions indiquées ci-dessus .

Tout d'abord, dans le domaine de l'approfondissement du contexte. Nous distinguerons trois thèmes principaux :

- **la culture de l'organisation**. Deux traits culturels forts semblent caractériser ce CROUS :
  - le fait que le personnel de base considère que la mission peut se résumer au repas traditionnel pour l'étudiant. D'où la difficulté à le faire évoluer vers d'autres pistes (pizzeria, sandwicherie, etc) ;
  - l'identité forte des cuisiniers pour qui cuire un steak haché, « ce n'est pas cuisiner ».

- **le management des hommes**. Sous ce chapitre, nous avons identifié quatre idées :
  - le besoin d'écoute de la part de la direction et de retour, suite notamment à la fourniture d'informations chiffrées ;
  - le « boulet » de l'absentéisme, qui force à réfléchir sur les quelques marges de manœuvre en GRH ;
  - le besoin ressenti par des chefs de cuisine d'une véritable politique de restauration ; « nous n'avons pas d'autre objectif que le coût-denrée » ;
  - le souhait de déplacer les actions de formation suivies par le personnel vers les périodes creuses de mai et juin.

- **les choix et dangers du redressement**. Sur ce thème, ont également émergé quatre idées, au cours des entretiens :
  - la tentation de diminuer les sites pour économiser les coûts peut, à son tour, augmenter la durée d'attente et donc, détourner des étudiants et au final, faire baisser les recettes ;

– l'absence d'étude de marché dans le passé a pu faire rater des tentatives comme la cuisine grecque ou encore la vente de barquettes. D'où l'importance d'une professionnalisation du marketing ;

– les contraintes du quotidien empêchent de développer « la fantaisie offerte aux étudiants », comme , par exemple, le fait d'avoir à fixer les menus trois semaines à l'avance. D'où une faible réactivité à l'événement ;

– l'existence de structures « mangeuses d'hommes », comme les cafétérias simples, les kiosques à pâtes, les plonges, etc.

Par ailleurs, les idées relatives au benchmarking et aux propositions d'amélioration furent nombreuses et permirent de proposer à la direction une séance de **brainstorming** destinée aux responsables de sites de restauration et fondée sur le volontariat – **risque** que n'avaient jamais pris jusque-là les dirigeants –. C'est pourquoi pour éviter des redites, nous les évoquerons dans la prochaine section.

La seconde boucle de l'innovation

L'appel au volontariat rencontra un réel succès et la séance produisit des résultats très concrets, tant au plan du benchmarking, que des propositions d'amélioration.

➡ Les bases du benchmarking

Tout d'abord, la discussion permit de formuler clairement, d'une part les objectifs de la comparaison et d'autre part, les critères pertinents pour choisir des restaurants semblables dans d'autres régions.

Cinq objectifs ont été identifiés et classés par ordre de priorité décroissante pour cette comparaison :

1° avoir des repères en terme d'effectif de personnel ;

2° comparer l'évolution des recettes, en neutralisant les événements exceptionnels ;

3° comparer les résultats d'exploitation par restaurant ;

4° permettre, si nécessaire, de prendre contact avec un établissement comparable ailleurs, pouvant servir de « lièvre » ;

5° comparer les résultats d'ensemble du CROUS, objet de l'audit, avec quatre autres CROUS.

Les entretiens et le débat ont confirmé que l'analyse pour un restaurant donné devait porter d'abord sur ses points de distribution, puis sur le restaurant dans son ensemble. En ce qui concerne les points de distribution, les **critères suivants** ont finalement été retenus et classés par ordre d'importance décroissante :

1° type de clientèle : écoles ou IUT, faculté de sciences, faculté de lettres ou autres

2° position géographique : centre-ville, au pied de l'amphi, au pied de la résidence, excentré

3° capacité d'accueil

4° activité :

- cafétéria simple (café) ouvrant en continu ou non ;
- cafétéria diversifiée ouvrant en continu ou non ;
- chaîne traditionnelle ;
- chaîne diversifiée ;
- diversifié à table, incluant les repas exceptionnels ;
- salle administrative.

5° dernier réaménagement du restaurant datant de moins ou de plus de 5 ans

6° fabrication du produit : directe, semi-directe ou livrée

7° nombre de services offerts : midi, soir, week-end, été

© Éditions d'Organisation

En ce qui concerne le **choix du restaurant de comparaison**, les cinq critères supplémentaires suivants ont été identifiés et classés :

1° l'existence de niveaux différents ou non

2° le nombre de salles de plonge

3° l'existence d'une légumerie ou non

4° l'éclatement géographique ou non des points de distribution

5° l'âge moyen des équipements de cuisine, inférieur ou supérieur à 6 ans.

Ce travail a permis d'établir des fiches d'analyse, envoyées aux CROUS ayant accepté de coopérer, afin de recueillir les données propres au benchmarking (fiches reproduites en annexe 2).

➡ Le brainstorming

L'énoncé des critères ci-dessus a été suivi d'un travail de « brainstorming », au cours duquel ont été émises de nombreuses idées. Celles-ci ont ensuite donné lieu à une évaluation par la direction. L'originalité de cette phase consistait à demander à celle-ci de **répondre à ces propositions**, susceptibles de déboucher sur des projets, en déterminant des critères permettant d'établir un ordre de priorité. Un extrait du tableau regroupant ces réponses, idée par idée, est reproduit de façon détaillée en annexe 3.

Cette démarche permettait de donner une **réponse concrète aux attentes des personnels** de terrain en matière d'écoute de la part de la direction. Elle pouvait initier une nouvelle manière d'aborder la réflexion prospective et l'animation du management au CROUS.

La poursuite du changement

Il s'agissait maintenant, après ces étapes de co-construction de diagnostic d'abord, puis de propositions, de « mettre en musique » financière les projets possibles et de les faire avaliser par les autorités de tutelle.

➡ La création des scénarios

La création d'idées au stade précédent, combinée à la réflexion de la nouvelle direction et aux actions déjà entreprises, fournissait un socle important pour le projet de rétablissement financier. Nous nous sommes également servi d'études prospectives comme ces « *Réflexions sur les tendances lourdes de l'enseignement dans l'académie sur la période 1998-2006* ». Cette dernière étude traitait entre autres de la mobilité étudiante, avec la volonté « d'accroître l'accueil d'un plus grand nombre d'étudiants européens ». Ce qui n'est pas sans répercussion sur l'hébergement, la restauration universitaire, les bourses, etc.

Nous avons donc travaillé alors de façon étroite avec les trois membres de l'équipe de direction. Nous avons cherché à caractériser **trois scénarios vraisemblables** : l'un pessimiste, l'autre probable et le troisième, optimiste. Pour les étayer solidement, nous avons beaucoup réfléchi aux hypothèses, en les recensant de manière exhaustive et en les étalonnant de façon réaliste. Ainsi, même dans le scénario pessimiste, nous notions : « Le scénario n'est pas excessivement pessimiste puisque la baisse de la restauration est en deçà de la baisse actuelle ».

Nous avons abouti aux résultats présentés ci-après.

L'impact financier des 3 scénarios

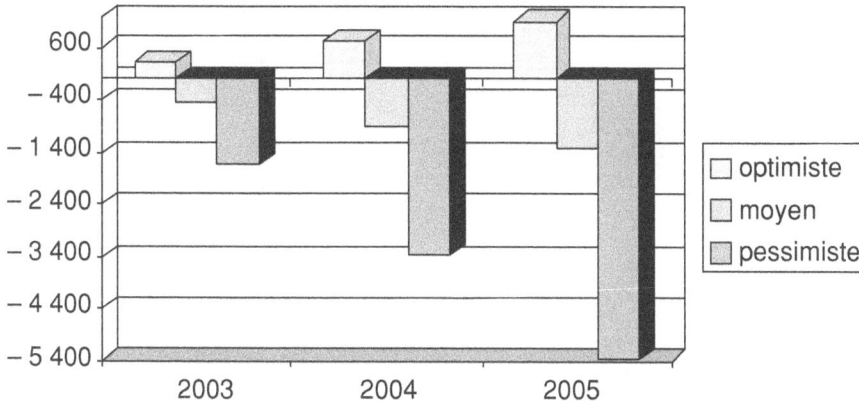

Le scénario pessimiste était donc particulièrement alarmant et justifiait en conclusion du rapport un appel « à un fort soutien de la tutelle ».

➡ **L'enrôlement des autres acteurs**

Il s'agissait maintenant de convaincre d'une part le conseil d'administration, dirigé par le Recteur et d'autre part, le contrôleur financier. Ces deux phases se sont déroulées sans contestation du diagnostic et des projections. En conséquence, le budget modificatif a été approuvé.

Nous nous sommes également servi du rapport, pour faire un **retour** auprès de l'encadrement du CROUS. La présentation et le débat n'étaient pas limités aux responsables de la restauration, tout comme le contenu du projet qui incluait bien les différents métiers d'un CROUS : hébergement, restauration, bourses, action sociale et culturelle. Ceci avait pour but de poursuivre l'enrôlement progressif du maximum d'acteurs dans la poursuite du nouveau projet.

ÉPILOGUE

C'est plutôt le scénario optimiste qui l'a emporté pour l'instant, puisque le **résultat d'exploitation** a été positif dès 2001 (200 K€) et devrait atteindre **360 K€ en 2002**. Il faut dire que l'équipe de direction est particulièrement efficace et soudée.

Annexe 1 :
Le projet d'établissement du CROUS

Le projet du CROUS, c'est :
une œuvre
un groupe
un souffle

➡ **UNE ŒUVRE**, qui consiste à :

■ maintenir **un service public de qualité**;

■ à un **coût raisonnable** pour la collectivité ;

■ en tenant compte de la **mobilité croissante** des étudiants **;**

■ en développant des **partenariats forts**, à tous les niveaux, avec l'université et les autres services publics

■ grâce à **des moyens** à la hauteur de nos ambitions

➡ **UN GROUPE DE TALENTS**, que nous voulons développer, en nous engageant :

■ au **respect mutuel**, quels que soient notre activité, notre statut, notre niveau hiérarchique ou notre service ;

■ à la **reconnaissance du travail accompli** à sa juste valeur ;

■ au respect de la **parole donnée** ;

■ à la **communication dans** la transparence entre collègues, entre niveaux hiérarchiques et entre services ;

■ à la **valorisation du capital humain** évoluant dans de bonnes conditions de travail.

➡ **UN SOUFFLE**, donné par l'encadrement, animateur de son groupe :

■ en pratiquant une **concertation élargie** avant la décision ;

■ en **anticipant** les problèmes ;

■ en privilégiant la **connaissance du terrain**, qu'il doit côtoyer régulièrement.

■ en **déléguant** pour permettre à chacun d'apporter sa contribution aux buts collectifs.

PLANS DE RÉALISATION DU PROJET

Une œuvre

Thème du projet	Plans d'action	Date de fin
Service public de qualité…	Créer un point d'accueil permanent au CROUS et améliorer la signalétique	06/2002
…à coût raisonnable…	Souscrire des contrats d'entretien pour éviter le coup par coup	09/2002
…face à la mobilité croissante…	Créer un pôle « Accueil de transit » pour les arrivées hors des heures d'ouverture	09/2005
	Assouplir la tarification en cité universitaire	09/2002
	Faciliter le remboursement des tickets inutilisés	06/2002
	Développer la monétique	01/2003
	Former le personnel aux langues étrangères	06/2003
…avec des partenariats forts…	Obtenir tous les calendriers universitaires	09/2001
	Identifier des interlocuteurs réguliers pour les questions de sécurité (pompiers, police, etc.)	09/2001
	Développer les relations (stagiaires, permanences au CROUS , …) avec la CAF, la DDTE, les mutuelles …	06/2002
	Obtenir des locaux et du soutien de l'université pour tout service du CROUS implanté sur un campus	09/2001
	Créer un poste de « chargé de communication » spécialisé	01/2002
et des moyens	Négocier les ressources nécessaires au fonctionnement des nouvelles structures	09/2002
	Définir une véritable politique de recours aux emplois précaires	09/2001

Un groupe de talents

Thème du projet	Plans d'action	Achèvement
Respect mutuel	Réfléchir au rapprochement des statuts ouvriers et aministratifs	09/2002
	Supprimer les fiches de poste	06/2002
Reconnaissance du travail accompli	Associer les personnels ouvriers compétents à la conception des projets d'investissement	01/2002
Parole donnée	Améliorer le suivi des travaux pour respecter les dates annoncées	09/2001
Communication transparente	Au niveau du CROUS, améliorer l'information du personnel sur ses droits, l'aide sociale et les concours	09/2002
	Créer un poste de coursier entre services et sites ;	09/2001
	Maintenir le comité de pilotage pour le suivi des plans d'action du projet ;	09/2001
	Au niveau de chaque service, faire circuler les B.O. ;	09/2001
	Au niveau individuel, motiver les refus	09/2001
Valoriser le capital humain	Faire un plan de formation tenant compte des besoins et disponibilités du personnel	09/2002
	Réactiver l'Association des personnels du CROUS (local, heures, budget, etc)	12/2001
	Encourager les rencontres sans exclusion : arbre de Noël, départs à la retraite, etc	12/2001

Un souffle, donné par l'encadrement

Thème du projet	Plans d'action	Achèvement
Concertation élargie	Améliorer l'organisation des réunions en donnant la parole à la base	06/2002
	Développer dans chaque service ou site des réunions régulières avec tous	06/2002
Anticiper les problèmes	Améliorer la résolution de problèmes (formation, création d'un guide de résolution par service, etc.)	06/2002
Connaissance du terrain	Organiser la formation et le tutorat des nouveaux arrivants	09/2001
	Organiser des visites approfondies entre personnels des sites et des services centraux	06/2002
Délégation	Aider à la préparation des délégations : formation, tutorat, etc.	12/2002

Annexe 2 : Les fiches de benchmarking

FICHE DESCRIPTIVE D'UN RESTAURANT

Nom :

Crous de rattachement :

	Cafétéria simple non ouverte en continu	Cafétéria simple ouverte en continu	Cafétéria diversifiée non ouverte en ontinu	Cafétéria diversifiée ouverte en continu	Chaîne traditionnelle	Chaîne diversifiée	Salle administrative	Repas servis à table
Nombre de points de distribution								

Les points de distribution du restaurant sont-ils ?	Plutôt concentrés	Plutôt éclatés

Nombre de niveaux différents (distribution et cuisine) :

Nombre de salles de plonge :

Existence d'une légumerie ?

Âge moyen des équipements de cuisine	Supérieur à 6 ans	Inférieur à 6 ans

Fiche descriptive d'un point de distribution

Nom du point de distribution :
Restaurant de rattachement :
Crous de rattachement :

	Cafétéria simple non ouverte en continu	Cafétéria simple ouverte en continu	Cafétéria diversifiée non ouverte en continu	Cafétéria diversifiée ouverte en continu	Chaîne traditionnelle	Chaîne diversifiée	Salle administrative	Repas servis à table
Activité								

Capacité d'accueil :

Type de clientèle majoritaire	Écoles ou IUT	Faculté de Sciences	Faculté de Lettres et autres	Administratifs et enseignants
Position géographique	En centre-ville	Au pied de l'amphi	Au pied de la résidence	Excentré
Date du dernier réaménagement du point de distribution	Antérieure à 5 ans	Dans les 5 dernières années		
Type de fabrication du produit	Directe sur place	Semi-directe	Livrée sur place	
Nombre de services offerts	Midi	Soir	Nombre de week-ends par an	Ouvert l'été 2000

Événements exceptionnels survenus en 2000 :

Annexe 3 : Évaluation qualitative des projets (extrait)

Les idées émises par les directeurs de restaurant et les chefs de cuisine, au cours de la réunion, ont été examinées ensuite par la direction. Elles ont soit fait l'objet d'un commentaire global, soit été notées en fonction de trois critères :

- efficacité de l'idée par rapport au problème actuel du CROUS ; une efficacité faible étant notée 1, moyenne, notée 2 et bonne, notée 3 ;

- rapidité de mise en œuvre ; 1 pour un délai d'application long, 2 pour un délai moyen et 3 pour une application rapide ;

- légèreté de l'investissement ; 1 pour un investissement important, 2 pour un investissement moyen et 3 pour un investissement faible. Le total des points conduisant donc à un montant fort pour une idée particulièrement attractive. Les projets refusés ou reportés ne font pas l'objet d'évaluation chiffrée.

Idée	Efficacité	Rapidité de mise en oeuvre	Légèreté de l'investissement	Total des points	Commentaire de la direction
Supprimer la semaine du goût					Idée intéressante à approfondir avant l'édition 2002 de cette semaine du goût.
Vendre les tickets en cité					Idée intéressante, en cours de test dans deux sites, actuellement.
1 sandwicherie à S...					Création prévue dans le cadre de la restructuration du RU en 2003
Transformation de T... en unité de fabr. de la restauration de proximité					Atelier existant déjà aujourd'hui à V...
1 cafétéria à M...					Réflexion à mener pour rattacher la cafétéria actuelle au RU
Changer le qualificatif de « traditionnel » dans la signalétique	3	3	3	9	Travail à mener par l'Attaché à la restauration, avec les directeurs
Transformation de la salle administrative de B... en vrai "food-court"					Projet qui sera approfondi par les responsables du restaurant
Développer 1 sandwicherie à C...et les sandwichs chauds (américains, etc)	3	3	3	9	Idée en cours de réalisation

Les cinq phases d'un changement global

La place manque dans un ouvrage comme celui-ci pour détailler une démarche de changement global d'un grand service public, avec le même degré de détail que les études de cas précédentes. Néanmoins, nous proposerons notre méthode dont les étapes seront systématiquement illustrées de courts exemples réels. Naturellement, la démarche de base qui a été présentée jusque-là constitue l'ossature quotidienne de la méthode d'ensemble. Elle est applicable à chacune des cinq grandes phases que nous avons identifiées.

Ajoutons que nous supposons que nous avons affaire au départ à un service public traditionnel, fortement marqué par le cloisonnement des services et la règle administrative, n'ayant aucune expérience antérieure significative du changement envisagé, qu'il s'agisse de démarche qualité ou de management par projet ou de décentralisation d'objectifs, etc. Le lecteur adaptera bien sûr la méthode générale présentée ci-après, en fonction du stade d'apprentissage auquel il estime que se trouve l'organisation qui l'intéresse.

Afin de graduer la prise de risque – ce qui nous paraît le problème majeur dans les services publics –, nous proposons une démarche en cinq phases.

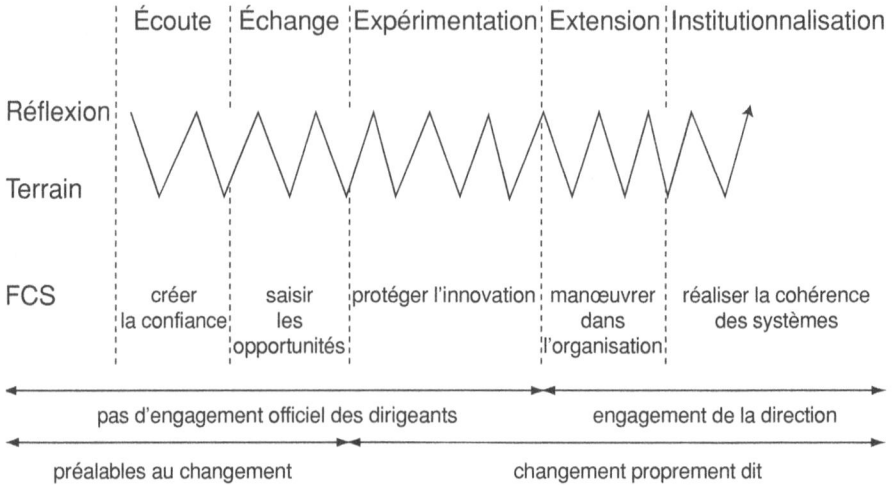

	Écoute	Échange	Expérimentation	Extension	Institutionnalisation
Réflexion Terrain					
FCS	créer la confiance	saisir les opportunités	protéger l'innovation	manœuvrer dans l'organisation	réaliser la cohérence des systèmes

pas d'engagement officiel des dirigeants   engagement de la direction

préalables au changement   changement proprement dit

Dans chaque phase, plus les aller et retour entre le niveau de la réflexion et le terrain sont nombreux, plus les chances de succès augmentent. Cela implique de trouver un compromis entre cette exigence et le temps imparti au projet.

La gestion du temps est capitale dans la conduite du changement

La **gestion du temps** est capitale dans la conduite du changement. L'erreur fréquente consistant à réduire les quatre premières phases, considérées souvent comme superflues. Bernard Brunhes, consulté durant l'été 1995 par l'entourage de Jacques Chirac sur le plan Juppé en cours d'élaboration, avait indiqué : « Vous croyez gagner du temps, vous allez en perdre. » ...

Il est donc particulièrement important de comprendre la raison d'être de chaque phase et son facteur-clé de succès principal (FCS).

LA PHASE D'ÉCOUTE

La première phase consiste à **se mettre à l'écoute du terrain**, soit pour en extraire la nature du changement prioritaire, soit pour vérifier qu'une idée de changement ayant germé dans la tête d'un acteur de l'organisation (niveau de la réflexion) correspond à un problème réel. Cette étape correspond à l'analyse du contexte, des acteurs et des processus concernés, avant toute velléité de lancer un changement. À titre d'exemple, un directeur départemental de l'Equipement, lors de sa prise de fonction, doit effectuer un diagnostic des forces et faiblesses des services dans les trois mois. Voici d'autres exemples.

Exemple 1 : un jeune cadre avait réussi ses premières années d'exercice de responsabilité dans un service accueillant les usagers. Il avait en particulier mis en place un tableau de bord-qualité, qui était utilisé et commenté par la soixantaine d'hôtesses qu'il dirigeait. Promu à la tête d'un service d'instruction des dossiers (l'activité « noble »), il aurait pu vouloir répéter la même expérience (approche-outil et non approche-problème). Au lieu de cela, il commença par écouter individuellement chacun des cadres de son service en leur demandant de décrire leur activité de l'année écoulée (thème le moins directif possible, pour favoriser l'expression la plus large). Il se rendit vite compte qu'ils n'insistaient que sur leurs échecs, que le moral était au plus bas, du fait du comportement méprisant de son prédécesseur vis-à-vis de ses collaborateurs. Il leur demanda alors de préparer une présentation des actions qu'ils avaient réussies (« il y en avait forcément une, au moins ! ») pour un nouveau rendez-vous individuel. Cette seconde entrevue lui permit de mettre en valeur ses collaborateurs, en les aidant éventuellement à l'amélioration de la présentation. Il leur proposa ensuite d'effectuer cette dernière, en groupe, devant leurs pairs et lui-même...

> **Exemple 2** : dans cet autre service public, les dirigeants étaient convaincus que le problème prioritaire était la refonte du système informatique. Et effectivement, plusieurs sites fonctionnaient avec des matériels et des logiciels différents ; les recoupements d'informations similaires ne concordaient pas, etc. Après écoute du terrain (entretiens individuels non directifs, menés par des consultants), deux problèmes prioritaires apparurent :
>
> – la relation insatisfaisante aux usagers ;
>
> – la nécessité de former l'encadrement à la délégation de responsabilités.
>
> Il fut donc décidé de remettre d'un an la refonte informatique initialement prévue.

Le facteur clé de succès de cette phase réside dans **la capacité à créer la confiance**. Ceci, aussi bien pour dépasser les échecs antérieurs (exemple 1), que pour favoriser une parole libérée autour des vrais problèmes (exemple 2). Pour y arriver, l'exemplarité du dirigeant est capitale.

Cette phase d'écoute doit permettre également de repérer les caractéristiques importantes de l'activité, de la culture de l'organisation et des enjeux de pouvoir des différents acteurs.

LA PHASE D'ÉCHANGE

La plupart des services publics sont organisés de manière taylorienne, chacun étant spécialisé, à l'intérieur de services soigneusement cloisonnés. Il est donc particulièrement nécessaire, pour accroître l'efficacité, de rompre ces murailles. C'est comme cela que tout a commencé pour la modernisation de l'Équipement[1]. Cette phase correspond à la fois à l'approfondissement de « l'analyse soigneuse du terrain » et à la définition du but final. Citons quelques exemples d'illustration.

---

1. Cf. S. Vallemont : *Moderniser l'administration*, Nathan, 1991.

> **Exemple 1** : un organisme public, implanté à Paris, devait déménager prochainement en province. Son directeur, ayant perçu les inquiétudes liées aux futures conditions de travail, proposa une réflexion généralisée sur l'aménagement des futurs bureaux. Des groupes propres à chaque service et inter-services se constituèrent. La réflexion fit apparaître les dysfonctionnements actuels. Non seulement, les nouveaux bureaux furent plus adaptés à leurs occupants mais une simplification du travail et une plus grande solidarité professionnelle furent obtenues en prime !

> **Exemple 2** : un procédé commode d'initiation des échanges et d'amorce douce du changement réside dans la formation, si elle est faite sur mesure. Elle permet de brasser des individus de niveau hiérarchique différent, exerçant des activités variées. Ainsi, dans un service public, plusieurs cadres avaient initié, de façon volontaire, une réflexion collective sur les besoins de formation. Ce travail avait débouché sur un projet de plan de formation, soumis aux commentaires du reste de l'encadrement. L'exécution des premiers séminaires permit de créer un club d'applications, mêlant des responsables de services différents.

La clé du succès de cette étape consiste à exploiter la phase d'écoute antérieure, pour saisir toute opportunité susceptible de correspondre aux préoccupations du terrain. Il s'agit en effet, pour garantir l'indispensable réussite de cette première amorce, de susciter au maximum les initiatives remontantes. L'échange d'idées ou d'expériences doit apparaître comme répondant d'abord à un besoin des acteurs de terrain.

L'échange d'idées ou d'expériences répond à un besoin des acteurs de terrain

LA PHASE D'EXPÉRIMENTATION

La phase d'échange, qu'elle se passe sous forme de réunions périodiques ou de formation, aura permis de détecter des possibilités de changement.

Là encore, tout l'art du dirigeant consistera à **détecter et susciter des initiatives** de la part d'agents de changement. Notre expérience prouve qu'il en existe dans toute organisation !

Par précaution, il faut monter au moins deux expérimentations, pour permettre une comparaison et éviter de s'entendre dire en cas de succès : « Oui, mais l'activité concernée était particulière ». D'ailleurs, elles peuvent être très modestes, comme le montrent les exemples suivants.

Exemple 1 : suite à une formation sur les coûts, les participants (recrutés sur la base du volontariat) eurent trois mois pour mener une étude pratique de leur choix, dans leur service ; l'objet pouvant être très simple (remplacement d'une procédure de lettre recommandée par un courrier ordinaire) ou plus complexe (renégociation des contrats de fournitures de bureaux dans les 42 établissements de l'organisme). Les économies obtenues furent redistribuées dans les services la première année, pour l'amélioration des conditions de travail. Cette règle du jeu était connue à l'avance et permit de faire passer l'idée que contrôle de gestion ne rimait pas avec contrôle coercitif supplémentaire.

Exemple 2 : suite à une étude portant sur la communication interne dans un établissement, deux chefs de service se portèrent volontaires pour tenter de l'améliorer, chacun dans son secteur, avec un soutien méthodologique continu. L'expérimentation montra notamment que l'un d'entre eux voulait principalement se faire remarquer de la direction, étant persuadé que la qualité de sa communication avec ses collaborateurs était exceptionnelle. Ce qui était bien sûr loin d'être le cas ! D'où l'intérêt du filtre préalable de l'échange d'expériences ou de la formation, qui fournit une première appréciation du potentiel de l'agent de changement.

> **Exemple 3** : deux responsables étaient demandeurs d'aide à la conception de tableaux de bord pour leur service. L'expérimentation montra cependant que leurs intentions étaient radicalement différentes. Le premier, dirigeant un service d'études, voulait par ce biais démontrer la productivité, l'utilité de son activité. Il avait donc un but prioritaire de communication externe, et donc de prestation rendue aux autres entités. Une méthodologie transversale, de type utilisateurs-fournisseurs, s'imposait. Le second était soucieux de mieux comprendre le fonctionnement interne de son service, dont les circuits administratifs étaient passablement compliqués. Il fallut employer une démarche organisationnelle plus classique pour le satisfaire (analyse-système). Et il n'était pas question, sous peine d'échec, d'aller enquêter auprès des services utilisateurs pour évaluer leur degré de satisfaction. « Pourquoi serais-je jugé par d'autres que mon supérieur hiérarchique ? »
>
> L'expérimentation permit donc de développer une méthodologie adaptée à chaque cas.

Dans cette phase, le **soutien** à l'innovation est fondamental. Il doit rester **officieux mais réel**. La direction n'a pas annoncé à l'ensemble de l'encadrement la nature de l'expérimentation. Elle apparaît principalement comme une initiative de terrain, sur laquelle cependant des informations sont fournies à la demande par les agents de changement. Les innovateurs savent qu'en cas de difficulté majeure, ils peuvent compter sur le soutien le plus élevé. En effet, dans le système bureaucratique de nombreux services publics, l'innovation non protégée est vite sabotée par les habitudes, les jalousies et le manque de ressources à sa disposition. Rien n'est donc plus mauvais qu'un soutien équivoque, pourtant fréquent. À ce stade, les règles du jeu doivent être claires : « Je vous aiderai fortement si nécessaire mais officiellement, c'est votre initiative ».

Soutien officieux mais réel de la direction à l'innovation

LA PHASE D'EXTENSION

Il est tentant, lorsque la phase d'expérimentation s'est déroulée avec succès, de généraliser hâtivement. L'expérience du développement du contrôle de gestion au ministère de la Défense a montré justement qu'il ne fallait pas « engerber trop vite ». En effet, à ce stade, l'expérimentation est peu connue, elle s'est développée en terrain favorable en s'appuyant sur des innovateurs convaincus. **La masse de l'organisation est faite des attentistes** ; les opposants irréductibles étant toujours minoritaires.

Ne pas généraliser hâtivement mais...

Il s'agit donc de faire basculer cette masse critique du bon côté. Ici la capacité manœuvrière du dirigeant est déterminante. Elle s'exprimera notamment autour des points suivants :

... identifier les opposants...

■ **identification des opposants**, dans le but de réduire leur capacité de nuisance. Attention à ne pas devenir cependant obnubilé par eux. Il faut se focaliser sur les alliés et les attentistes. S'il est impossible de se débarrasser des plus virulents opposants (ne pas sous-estimer les marges de manœuvre qu'on peut créer), on cherchera à les séparer habilement. On saisira l'opportunité d'un déménagement ou l'envie de suivre la préparation à un concours interne, ou l'implantation de nouveaux postes informatiques, de nouvelles cloisons...

...organiser préalablement le changement...

■ **organisation préalable du changement**. Il s'agit là de dégager systématiquement les obstacles manifestes, en prévoyant explicitement le temps à passer dans le nouveau projet et à le soustraire en conséquence du temps disponible pour le travail habituel. D'où, en général, une révision des objectifs de production. Il faut également définir dès le départ de cette phase les contreparties futures des efforts accomplis : à qui bénéficieront les retombées : le responsable, ses collaborateurs, dans quelle proportion ? Sous quelle forme : avantages financiers, en nature (voyages d'étude, formation personnelle, etc.), amélioration des conditions de travail ? Il est intéressant de ce point de vue d'avoir une vision large des motivations au travail. Un sondage récent l'illustre bien.

La question suivante était posée dans le secteur public : **parmi les éléments suivants, quels sont les trois qui comptent le plus pour vous ?**

Nature des réponses fournies	Pourcentage correspondant
– travailler dans une bonne ambiance	61 %
– être passionné par son travail	57 %
– disposer de la sécurité de l'emploi	55 %
– être autonome dans son travail	43 %
– exercer des responsabilités	27 %
– gagner beaucoup d'argent	18 %
– faire carrière dans une entreprise	11 %
– être reconnu par un titre	10 %
Source : sondage *Ipsos-Le Monde*, mars 1997.	

Nous constatons bien que la « carotte financière » est loin d'être dominante, ou encore la seule à utiliser comme levier de changement ; l'amélioration des relations de travail dans les services et les valeurs du service public (passion dans le travail) paraissent bien plus puissants. Nous l'avons évoqué en seconde partie.

■ dernier point important dans lequel s'exprimera cette capacité manœuvrière du porteur de changement : son **aptitude à « traduire » le projet** dans le langage et selon les aspirations de ses interlocuteurs. Nous avons vu plus haut que cela peut le conduire à transformer le thème initial pour qu'il s'adapte à un terrain particulier.

... traduire le projet dans le langage et selon les aspirations de ses interlocuteurs...

Exemple : le directeur d'un hôpital nous avait confié une mission de réduction des coûts du laboratoire d'analyses. Nous aurions pu travailler selon une méthodologie classique d'audit externe (sans impliquer les salariés), en examinant les différents cycles de l'activité. Au lieu de cela, suite à l'écoute individuelle d'un échantillon de laborantines, nous avons identifié trois problèmes clés pour nos interlocuteurs : la méconnaissance de méthodes de management des équipes par les trois principaux responsables, placés là en raison de leurs compétences techniques ; la relation de service aux usagers internes et externes à l'hôpital ; le fonctionnement administratif, notamment informatique. Nous avons créé trois groupes de travail sur chacun de ces sujets et donc transformé le projet initial en « projets traduits ». Une fois les conclusions remises par chaque équipe, nous avons évalué les économies envisageables à court, moyen et long terme.

Cette capacité à traduire les préoccupations de terrain fait partie intégrante de la **qualité de communication** du dirigeant, qu'il va déployer au grand jour, à partir de cette phase. En effet, pour convaincre les hésitants (masse critique qu'il s'agit de faire basculer par l'extension), il devra mettre en valeur les résultats de l'expérimentation tout en l'inscrivant dans un projet global, qui fasse sens. Pour cela, le recours aux valeurs du service public est indispensable (voir la première partie). Mais au lieu d'en débattre de façon générale, dès le début, comme dans une démarche de type projet, **ces valeurs vont émerger** lors d'exemples précis vécus au cours des expérimentations. Ainsi, dans le cas du laboratoire précédemment évoqué, lors de la réflexion sur la relation aux utilisateurs des analyses, la question suivante s'est naturellement posée : **l'usager prioritaire est-il interne ?** (exemple : service de chirurgie) ou externe (cliniques pour lesquelles on effectuait les analyses, afin de réduire les coûts nets de fonctionnement).

Faire émerger les valeurs...

Toujours dans cette perspective d'officialisation du changement, l'expérience montre **qu'une information ouverte vis-à-vis des représentants syndicaux,** leur laissant la possibilité de s'impliquer est un facteur de réussite.

LA PHASE D'INSTITUTIONNALISATION

Lorsque l'extension a touché suffisamment d'unités de l'organisation, l'institutionnalisation des systèmes est possible. Suivant les organismes, le seuil est plus ou moins élevé. Lorsque l'activité est suffisamment homogène dans un grand nombre d'établissements, répartis sur tout le territoire, il suffit d'avoir touché un nombre d'entités représentant les principaux cas de figure, pour disposer d'une base solide. L'appréciation doit se faire à partir des variables principales permettant de distinguer chaque unité de base.

L'institutionnalisation consiste alors à définir officiellement **les trois pôles de l'action** au quotidien.

Institutionnaliser le système, c'est :
– entretenir l'innovation,
– contrôler la gestion,
– gérer les ressources humaines

L'entretien de l'innovation est nécessaire car, à ce stade, l'essoufflement guette ! C'est d'ailleurs dans les deux dernières phases que le porteur du changement doit créer le sentiment de « plateforme en feu ». Cependant, le contenu du message n'est pas suffisant. Doivent s'y ajouter plusieurs dispositifs :

■ un « **management baladeur** » qui conduise régulièrement le responsable sur le terrain pour écouter et répéter le message ; pratique peu fréquente dans les services publics ;

■ un développement maximal **des réseaux de l'innovation**, qui se constitue par métier (contrôleurs de gestion, responsables d'accueil, etc.), mais aussi par services « conjoints ». Exemple : le service instruisant les dossiers et celui qui les contrôle dans un même établissement se réunissent une fois par mois pour améliorer le fonctionnement ;

■ une **mise en valeur de l'innovation** qui reconnaisse les innovateurs. Elle peut prendre diverses formes : articles dans les journaux internes, revue interne spécialement consacrée à l'innovation, prix annuel de l'innovation ou encore, fête organisée à l'issue d'un changement significatif. L'important réside plus dans la sincérité de la reconnaissance que dans la valeur monétaire de la récompense.

Les systèmes de contrôle de gestion constituent l'outillage de pilotage inscrivant le changement dans les indicateurs mesurant l'action. Rappelons qu'en la matière « **le mieux est l'ennemi du bien** » ; mieux vaut un indicateur mensuel grossier de la satisfaction (ou de l'insatisfaction) des usagers, établi sur un échantillon non représentatif par manque de moyens financiers, que pas d'indicateur du tout ou un chiffre annuel, diffusé six mois après l'enquête. L'important réside dans **la cohérence entre ces mesures et l'orientation générale du changement**. Si, comme dans beaucoup de services publics aujourd'hui, l'heure est à la décentralisation des responsabilités et des initiatives, le système de tableau de bord d'une activité par exemple ne peut être uniforme sur tout le territoire. De même, le profil des contrôleurs de gestion sera plutôt celui d'un pédagogue, instaurant une relation d'aide aux opérationnels et visant à faire partager une prise de conscience de l'efficience de l'action.

Ce dernier point fait déjà partie de la gestion des ressources humaines ; le couplage entre les deux domaines étant capital pour la réussite du changement. Parmi les points clés à surveiller : la **récompense équitable** des innovateurs sur l'instant et dans leur carrière, la **formation-action** (selon notre expérience, toute formation non suivie immédiatement d'application au quotidien est vouée à l'oubli), le **recrutement et l'intégration** des nouveaux venus. Toutes ces composantes doivent être en totale cohérence avec les orientations du changement global. Si la tendance est à la polyvalence par exemple, cette capacité doit faire l'objet d'un chapitre particulier de l'évaluation annuelle, être privilégiée dans les axes de formation et servir de définition de profil pour le recrutement.

Au total, c'est la **cohérence** de ces différents systèmes qui fait la difficulté de cette phase. Ainsi, une véritable orientation vers la qualité suppose que l'on mesure non seulement des indicateurs de qualité interne (délais de traitement des dossiers, pourcentage de dossiers correctement instruits) mais aussi externes, directs (taux de satisfaction des usagers) ou indirects (indicateurs mesurant l'impact du service sur leur mode de vie). De plus, la généralisation d'une telle démarche dans l'organisation implique d'une part la reconnaissance du droit à l'erreur (sinon, les nouvelles idées se tarissent) et d'autre part, la possibilité de remise en question constructive de toute décision, au niveau le plus élevé !

La prudence, toujours nécessaire dans les services publics, et le souci d'être pragmatique peuvent conduire à l'adoption de **systèmes intermédiaires**, comme nous l'avons vu dans l'étude de cas sur l'absentéisme municipal. Tout dépend de l'ampleur du changement entrepris : nombre de personnes concernées mais aussi étendue des systèmes de gestion touchés.

Adopter des systèmes intermédiaires peut se révéler un bon choix

Conclusion générale

Cet ouvrage nous a permis d'abord de décrire les caractéristiques les plus importantes touchant la conduite du changement en environnement complexe, que nous avions observées sur de nombreux terrains. De plus, nous avons pu raccorder ces analyses empiriques aux théories susceptibles d'être utiles en la matière. Or, comme le dit Kurt Lewin : « rien de plus pratique qu'une bonne théorie ! ». En effet, le recours aux théories de l'innovation, de la communication et de la gestion de la complexité nous ont délivré les messages suivants :

■ **l'innovation est un phénomène collectif, suivant un processus tourbillonnaire**, fait de nombreux allers et retours entre l'idée et son public, qui constituent autant de tests modifiant l'intention originelle. Dans ces échanges, la « traduction » du projet d'innovation dans le langage de l'autre peut aller jusqu'à créer des projets spécifiques à chaque sous-groupe impliqué ;

■ **la communication est d'abord affaire d'écoute**, de compréhension de la logique propre à l'interlocuteur. Il s'agit moins de véhiculer un message déterminé a priori d'un émetteur vers un récepteur, que de co-construire avec lui un message que le destinataire puisse accepter ;

■ **la complexité impose l'humilité et le pragmatisme** : petits pas plutôt que « grand bon en avant », finalité générale plutôt qu'objectifs chiffrés, horizon limité et préservation de ressources pour innover.

En tirant parti de toutes nos observations antérieures, enrichies par ces enseignements théoriques (et donc applicables à d'autres cas), nous avons pu définir une démarche générale de conduite du changement qui tienne compte des **spécificités des services publics** : risque social et politique plus élevé, valeurs fortes émer-

geant dans les situations quotidiennes et cloisonnement organisationnel notamment. D'où cinq phases dans notre méthode
générale :

- **écoute du terrain** permettant de comprendre la nature exacte
des activités mais aussi la logique des acteurs concernés par le
changement. Elle permettra de choisir le ou les thèmes les plus
susceptibles d'entraîner leur adhésion ultérieure ;

- **échanges organisés** entre des responsables de tout niveau,
appartenant à des établissements ou à des services différents.
Dès cette phase, des améliorations simples du travail quotidien
se présentent. Par ailleurs, la vision des problèmes s'affine et
les opportunités apparaissent, notamment sous forme d'initiatives remontantes : demandes de formation, proposition de
groupe d'étude, etc. ;

- **expérimentation** qui constitue la première tentative volontaire
d'initier un changement. Il vaut mieux qu'elle soit discrète et
d'ambition modeste ; susceptible, par exemple, de produire des
résultats dans l'année. Il vaut mieux tester deux terrains différents pour en tirer des enseignements comparés ;

- **extension à d'autres sites**. Les leçons tirées de la phase précédente dicteront d'abandonner et donc d'initier un nouveau
départ (processus tourbillonnaire) ou d'étendre l'expérience.
Jusque-là, les dirigeants pouvaient rester dans l'ombre. Ils peuvent maintenant s'engager, si l'expérimentation a réussi, avec
un risque plus réduit. Cependant, si la finalité doit être annon-
cée fermement, la souplesse est requise dans l'avancement car
il y a encore beaucoup à apprendre ;

- **institutionnalisation** survenant lorsque les connaissances
issues des diverses expériences se stabilisent. Cependant, par
prudence, lorsque l'ampleur du changement est conséquente, il
est utile de passer par des systèmes intermédiaires, avant
d'aboutir au résultat final.

Les cinq phases concernent la totalité d'un changement important, comme par exemple : décentraliser les responsabilités, mettre en place un management par les processus, développer une

véritable gestion de la qualité de service, etc. Le déroulement de l'ensemble mettra donc plusieurs années pour aboutir. Chaque phase ou initiative de changement à l'intérieur de ce vaste processus est justiciable de notre méthode de base, développée à l'issue de la deuxième partie et que nous rappelons brièvement ci-après.

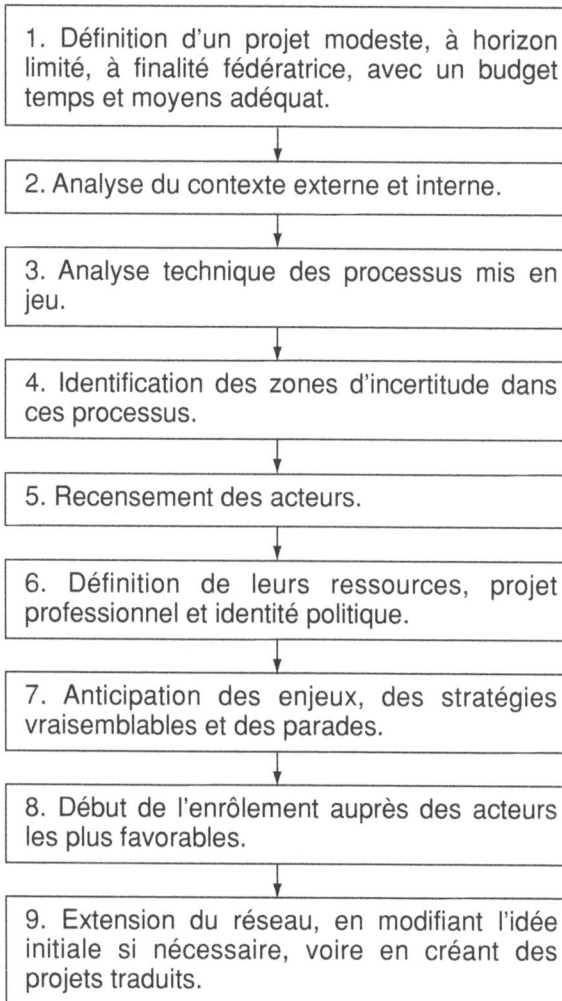

```
┌─────────────────────────────────────────────┐
│ 1. Définition d'un projet modeste, à horizon │
│ limité, à finalité fédératrice, avec un budget│
│ temps et moyens adéquat.                      │
└─────────────────────────────────────────────┘
                     │
┌─────────────────────────────────────────────┐
│ 2. Analyse du contexte externe et interne.    │
└─────────────────────────────────────────────┘
                     │
┌─────────────────────────────────────────────┐
│ 3. Analyse technique des processus mis en     │
│ jeu.                                          │
└─────────────────────────────────────────────┘
                     │
┌─────────────────────────────────────────────┐
│ 4. Identification des zones d'incertitude dans│
│ ces processus.                                │
└─────────────────────────────────────────────┘
                     │
┌─────────────────────────────────────────────┐
│ 5. Recensement des acteurs.                   │
└─────────────────────────────────────────────┘
                     │
┌─────────────────────────────────────────────┐
│ 6. Définition de leurs ressources, projet     │
│ professionnel et identité politique.          │
└─────────────────────────────────────────────┘
                     │
┌─────────────────────────────────────────────┐
│ 7. Anticipation des enjeux, des stratégies    │
│ vraisemblables et des parades.                │
└─────────────────────────────────────────────┘
                     │
┌─────────────────────────────────────────────┐
│ 8. Début de l'enrôlement auprès des acteurs   │
│ les plus favorables.                          │
└─────────────────────────────────────────────┘
                     │
┌─────────────────────────────────────────────┐
│ 9. Extension du réseau, en modifiant l'idée   │
│ initiale si nécessaire, voire en créant des   │
│ projets traduits.                             │
└─────────────────────────────────────────────┘
```

Et maintenant, bonne chance !

Bibliographie

– J. Affichard et J.B. de Foucauld, (1992), *Justice sociale et iné-galités*, Éditions ESPRIT.

– H. Amblard, P. Bernoux, G. Herreros, Y. Livian, (1996), *Les nouvelles approches sociologiques des organisations*, Seuil.

– Y. Barel, (2000), *Les interactions entre la stratégie, le manager et son équipe*, L'Harmattan.

– G. Barouch, (1989), « La décision en miettes », *Logiques Sociales*, L'Harmattan.

– G. Barouch, (1993), « Où va la modernisation ? », *Logiques Sociales*, L'Harmattan.

– R. Boyatzis, D. Goleman, A. Mc Kee, (2002), *L'intelligence émotionnelle*, Village Mondial.

– J. Bichot, (1993), *Quelles retraites en l'an 2000 ?*, Armand Colin.

– M. Binst et F-X. Schweyer, (1995) *La santé, otage de son système*, InterÉditions.

– M. Bonetti, J. Fraisse, V. de Gaulejac, (1987), *L'évaluation dynamique des organisations publiques*, Les Éditions d'Organisation.

– M. Bonetti, M. Conan, B. Allen, (1991), *Développement social urbain, stratégies et méthodes*, L'Harmattan.

– Cahiers Français, (1995), « Les frontières de l'État », n° 271, mai-juin, *La Documentation Française*.

– Centre Européen des Entreprises à Participation Publique, (1995), *Europe, concurrence et service public*, Masson / Armand Colin.

– Cerisy (Colloque de), (1995), « Le service public ? La voie moderne », *Logiques Sociales*, L'Harmattan.

– J. Chaty, (1997), « L'administration face au management », *Logiques Politiques*, L'Harmattan.

– J. Chevallier, (1991), *Le service public*, Que sais-je ?, PUF.

– E. Cohen, (1992), *Le colbertisme « high tech »*, collection Pluriel, Hachette.

– M. Conan, (1998), *L'évaluation constructive*, Éditions de l'Aube.

– T. D. Connors, (2001), *The Nonprofit Handbook*, 3e édition, John Wiley & Sons.

– M. Crozier, (1987), *État modeste, État moderne*, Fayard.

– M. Crozier, (1995), *La crise de l'intelligence*, InterÉditions.

– R. Denoix de Saint Marc, (1996), « Le service public », Rapport au Premier ministre, *La Documentation Française*.

– C. D. Foster et F. J. Plowden, (1996), *The state under stress*, Open University Press, Buckingham.

– J. Gadrey et P. Zarifian, (2002), *L'émergence d'un modèle du service : enjeux et réalités*, Éditions Liaisons.

– T. Hafsi, (1984), *Entreprise publique et politique industrielle*, Mc Graw-Hill.

– P. Keehley, S. Medlin, S. Mc Bride, L. Longmire, (1997), *Benchmarking for Best Practices in the Public Sector*, Jossey-Bash Publishers, San Francisco.

– F. Lacasse et J.-C. Thoenig (eds), (1996), *L'action publique*, Logiques Politiques, L'Harmattan.

– B. Latour, (1992), *Aramis, ou l'amour des techniques*, Éditions La découverte.

– P. Laurent et P. Tcherkawski, (1992), *Pratique de l'audit opérationnel*, Les Éditions d'Organisation.

– R. Le Duff et J.-J. Rigal (eds), (1997), « Le maire-entrepreneur ? », Publication de l'Université de Pau et des Pays de l'Adour.

– B. Majnoni d'Intignano, (1993), *La protection sociale*, Le Livre de Poche.

– F. Mas, (1990), *Gestion privée pour services publics*, InterÉditions.

– D. Meda, (1995), *Le travail, une valeur en voie de disparition*, « Alto », Aubier.

– B. Meunier, (1992), *Le management du non-marchand*, Économica.

– Y. Minvielle et H. Vacquin, (1996), *Le sens d'une colère*, Stock.

– A. Pettigrew, (1996), *The new public management in action*, Oxford University Press.

– F. Rachline, (1996), *Services publics, économie de marché*, Presses de Sciences Po.

– S. Ramon et J. Strewart, (1996), *Management for the public domain*, St Martin Press, New York.

– L. Rouban, (1994), *Le pouvoir anonyme*, Presses de la Fondation Nationale des Sciences Politiques.

– L. Rouban, (1996), *La fonction publique*, Éditions La Découverte.

– H. Serieyx, (1994), « L'État dans tous ses projets », *La Documentation Française*.

– R. Sainsaulieu, (1988), *Sociologie de l'organisation et de l'entreprise*, Presses de la Fondation Nationale des Sciences Politiques.

– R. Sainsaulieu et alii, (1995), « *Les mondes sociaux de l'entreprise* », Sociologie économique, Desclée de Brouwer.

– M. Thevenet, (1986), *Audit de la culture d'entreprise*, Les Éditions d'Organisation.

– M. Thevenet, (1994), *La culture d'entreprise*, Que sais-je ?, PUF.

– S. Trosa, (1995), *Moderniser l'administration, comment font les autres ?*, Les Éditions d'Organisation.

– S. Trosa, (1999), *Quand l'État s'engage*, Les Éditions d'Organisation.

– L. Udehn, (1996), *The limits of public choice*, Londres Routledge.

– S. Vallemont, (1991), *Moderniser l'administration*, Nathan.

– P. Watzlawick, (1975), *Changements*, Points, Seuil.

– P. Watzlawick, (1980), *Le langage du changement*, Points, Seuil.

Annexe

L'annexe qui suit est consacrée à la communication, même si le sujet peut passer aujourd'hui pour démodé. Nous avons au contraire constaté que l'on n'avait retenu de celle-ci que les aspects les plus superficiels, à savoir les dispositifs technologiques modernes et qu'il y avait un grave déficit de communication réelle sur le terrain, entravant souvent l'accompagnement du changement.

COMMUNICATION :

Posez-vous les bonnes questions !

Texte rédigé par Françoise GUYON

Lundi, briefing avec toute votre équipe, mardi, rédaction d'une note de service, mercredi, entretien téléphonique avec un usager mécontent, jeudi, animation d'une réunion de travail, vendredi, présentation d'un dossier à la direction : vous êtes quotidiennement confronté à des problèmes de communication que, la plupart du temps, vous gérez sans difficulté particulière. Mais il arrive que le briefing soit inopérant, qu'un de vos collaborateurs interprète mal votre note de service, que votre réunion s'éternise sans aboutir au résultat escompté, et que le Directeur somnole tandis que vous passez vos transparents. De deux choses l'une, soit vos biorythmes étaient au plus bas, et vous devrez vous contenter de pester contre la nature qui nous a conçus si imparfaits, soit vous ne vous étiez pas posé les bonnes questions et, heureusement, cela se soigne ! Avant d'aborder une situation de communication quelle qu'elle soit, il est prudent en effet de prendre le temps de la réflexion. Ce sera autant de gagné en termes d'énergie et d'efficacité.

Nous consacrons la première partie de cette annexe aux apports fondamentaux des recherches en communication, dont nous avons effectué la synthèse, avant de proposer en deuxième partie une méthode d'analyse des situations de communication qui nous conduira tout naturellement, en troisième partie, à un exemple d'application pratique.

QUELQUES REPÈRES THÉORIQUES

Les modèles proposés depuis cinquante ans pour l'analyse de la communication peuvent être classés en trois grandes catégories :

- les modèles techniques ou mécanistes qui privilégient les problèmes de transmission d'information. Un émetteur transmet un message à un récepteur...

- les modèles linguistiques qui s'attachent davantage à la forme du message.

- les modèles psycho-sociologiques qui accordent une importance prioritaire aux aspects sociaux et relationnels (incidence du statut et de l'identité sociale, âge, sexe, rôle...) ainsi qu'aux formes de communication non verbales (gestes, mimiques, regard, modalités de la voix, gestion de l'espace...).

Il est de bon ton aujourd'hui (la recherche a malheureuseusement ses modes) de nier l'apport des plus anciens (les modèles mécanistes) et de porter aux nues les plus récents (Palo Alto). En réalité, les différents modèles proposés ont tous leur intérêt ; et c'est précisément en faisant la synthèse de l'ensemble de ces théories qu'on peut espérer approcher au plus près la réalité, fort complexe, de la communication. Il faut bien comprendre que, dans une situation donnée, aussi simple soit-elle (dialogue entre deux personnes), de multiples facteurs interviennent, dont il faut être capable d'apprécier l'impact. Cette démarche suppose qu'on s'arme de courage et qu'on se dote des outils d'analyse adéquats pour affiner constamment son observation, aller plus avant dans sa réflexion et gagner en efficacité dans l'action.

Les 6 constantes de toute situation de communication

➡ L'Émetteur

Au commencement se trouve l'émetteur, c'est-à-dire celui, connu ou anonyme, qui envoie le message.

➡ Le récepteur

À l'autre bout de la chaîne se trouve le récepteur ou destinataire, autrement dit celui qui reçoit le message.

Le message est constitué par l'ensemble des informations qui transitent du destinateur vers le destinataire : plus précisément, il est, pour reprendre la définition qu'en donne R. Escarpit,

- « Une séquence significative de signes »
- « Une séquence » : une suite de signes disposés dans un certain ordre, selon des règles bien précises : vous pourrez dire : « je suis bien préparé, j'espère réussir mon entretien ». Vous ne pourrez pas dire : « préparé bien suis-je etc. »
- « significative » : qui a un sens (même si celui-ci n'est pas toujours bien compris du récepteur)
- « signes » : éléments ayant chacun un sens (« entretien », « réussir », etc.)

➡ Le code

Pour élaborer un message quel qu'il soit (courrier, discours, affiche, film vidéo, etc…), l'émetteur doit puiser dans ce qu'on appelle un code. Le morse, le code de la route, l'anglais, le chinois, sont autant d'exemples de codes.

Le « code » est un ensemble fini de signes (a) et de règles de combinaison (b) pour ces signes, permettant de constituer et de comprendre des messages. Ainsi chaque langue possède son lexique (a) et ses règles de syntaxe, d'orthographe, de ponctuation et de prononciation (b).

Un même message peut comporter des signes empruntés à plusieurs codes différents. Ainsi, la vidéo réalisée par votre service formation fait appel à trois codes :

■ Langue française écrite (sous-titrage),

■ langue française orale (commentaire en voix-off),

■ image filmée

Pour que le message soit compris, il est nécessaire que les codes utilisés pour constituer le message soient connus à la fois de l'émetteur – cela paraît indispensable ! – et du récepteur, faute de quoi on assiste à un « dialogue de sourds ». Bien des dysfonctionnements seraient évités en communication si les émetteurs gardaient toujours à l'esprit ce principe : la communication ne peut être performante que si l'émetteur maîtrise parfaitement les codes adéquats à la situation considérée : une conférence ne peut être réussie que si l'orateur sait utiliser les techniques de présentation. C'est malheureusement loin d'être toujours le cas : combien d'entre nous se sont assoupis ou ennuyés pendant un mauvais exposé, tout simplement parce que l'orateur lisait son papier (code écrit dans une situation de communication orale) ou parce qu'il avait mal conçu ses transparents, encombrés de texte (code écrit dans une situation de communication visuelle). La maîtrise des codes suppose une réflexion préalable (quels sont les codes pertinents dans la situation où je me trouve ?), un apprentissage (quelles sont les règles spécifiques à ces codes ?) et un entraînement pratique.

➡ Le référent

Le référent, c'est ce dont parle le message. Si l'on envisage le propos suivant, échangé entre Mr X et Mr Y : « alors, tu vas mieux aujourd'hui ? » on peut identifier le référent comme la maladie, ou le stress de Mr Y, autrement dit la situation antérieure, connue des deux interlocuteurs : hier, ou la semaine précédente, le mois précédent, à leur dernière rencontre, Y n'allait pas bien.

➡ Le canal

Enfin, dernière constante de tout processus de transmission d'information, le canal, c'est-à-dire l'ensemble du dispositif technique auquel on a recours pour faire circuler le message.

Le bon fonctionnement du canal est une condition indispensable à la réussite de la communication. Un orateur avisé vérifie l'état de ses matériels (rétroprojecteur, micro-ordinateur, magnétoscope, etc…) avant de commencer son exposé.

En résumé, tout processus de communication, dans sa forme la plus élémentaire, peut être considéré comme la transmission, par un émetteur, et à l'intention d'un récepteur, d'un message nécessairement codé et renvoyant à un référent, au travers d'un canal.

Mais les 6 constantes figurées par le schéma présenté plus haut ne rendent compte qu'imparfaitement de la complexité des cas réels ; comme tout schéma, il est nécessairement simplificateur.

Et si l'on veut vraiment appréhender la réalité des situations dans lesquelles chacun de nous est impliqué un jour ou l'autre au cours de son existence, il faut envisager non seulement les variables qui viennent s'ajouter aux constantes déjà évoquées mais aussi le très grand nombre d'informations différentes qui circulent en même temps, par différents canaux, dans une situation donnée.

Du schéma de base à la complexité des cas réels

➡ La variable quantitative

Nous avons supposé jusqu'à présent que la transmission du message était réductible à l'action d'un émetteur (individu, groupe, masse) à l'intention d'un récepteur (individu, groupe, masse).

Or, dans le domaine qui nous intéresse, la communication, la variable quantitative induit une modification qualitative : quand le nombre des émetteurs /récepteurs augmente, la structure de la relation qui s'établit entre les deux pôles s'en trouve modifiée. La communication interpersonnelle n'obéit pas aux mêmes règles que la communication de groupe (cf. « dynamique des groupes »), laquelle est encore fort différente des phénomènes de communication de foule : dans un groupe de plus de 500 personnes apparaissent des comportements spécifiques relevant de la psychologie des foules (diminution de la réflexion, facilitation des actes, imitation contagieuse par exemple).

➡ Le facteur « bruit »

Le message, que nous avons jusqu'ici considéré comme une entité, n'est pas toujours identique au message émis lorsqu'il parvient au destinataire. Il est même bien rare qu'il le soit, notamment dans les situations de communication orale.

On entendra par « bruit » toute perturbation de la transmission de l'information aboutissant à une modification du message, quelle que soit par ailleurs la nature de cette perturbation ; (comme son nom ne l'indique pas, un « bruit » n'est pas nécessairement de nature acoustique).

L'irruption d'un retardataire dans une salle de conférences, le bruit du photocopieur, le manque d'attention de votre interlocuteur ou la tache d'encre masquant trois mots d'une phrase dans un courrier qui vous est destiné sont autant de « bruits » d'origine et de nature différentes, susceptibles d'induire une déformation du message lors du processus de décodage.

Dans les cas les plus courants, les « bruits » représentent une gêne pour les deux partenaires : mon message ne passe pas, je comprends mal le message de l'autre. Sources de malentendus et de frustration, ils peuvent être, sinon éliminés, du moins limités si les intéressés, conscients de l'importance des enjeux, s'entraînent à recourir aux stratégies adéquates et notamment à acquérir les outils nécessaires (maîtrise des techniques de l'exposé, des techniques de conduite de réunion,...), tirer parti du feed-back, utiliser à bon escient la redondance, améliorer leurs capacités de lecture et d'écoute, revenir aux sources, lutter contre le conditionnement et les stéréotypes.

⇒ Le feed-back

Ce sont les travaux de N. Wiener (1948), inspirés par les recherches en cybernétique (science du contrôle et de la régulation des systèmes), qui ont apporté à la compréhension de la communication la notion essentielle de feed-back (traduite parfois par : « rétro-action »). Le feed-back, c'est la réaction du récepteur par rapport au message qu'il vient de recevoir et sa traduction en signes linguistiques (« oui... oui... d'accord... là je ne vous suis plus ») ou visuels (hochement de tête signifiant : ok, je comprends ou expression du regard signifiant : je ne comprends plus rien). Le message ainsi transmis permet à l'émetteur initial de savoir s'il peut poursuivre ou s'il doit réexpliquer, animer davantage son propos, changer de sujet, etc.).

Avec le concept de feed-back, nous passons d'un schéma de communication linéaire à un schéma circulaire.

Il faut en effet considérer que le comportement des individus en train de communiquer est pris dans un jeu complexe d'influences mutuelles ; l'émetteur fabrique son message en fonction de ce qu'il connaît ou croit connaître de son interlocuteur. Ce dernier réagit au message transmis et ses réactions entraînent éventuellement des modifications dans la suite du processus de communication.

Sauf exception, le feed-back constitue un facteur positif qu'il faut exploiter. Il permet en effet de diminuer les « bruits », de dissiper les malentendus et d'augmenter l'efficacité de l'échange en favorisant l'empathie.

⇒ **La redondance**

La redondance, autrement dit la répétition d'une même information sous une autre forme que sa forme initiale, présente deux variantes bien distinctes :

■ celle inhérente à la langue
■ et celle, qui nous intéresse particulièrement dans ce cadre, que nous pouvons introduire volontairement dans un message.

La redondance inhérente à la langue, évaluée par les linguistes à un taux moyen de 50 %, ne présente pour nous qu'un intérêt limité dans la mesure où elle nous est imposée par les normes morpho-syntaxiques.

Un exemple : considérons dans la phrase ci-dessous l'information pluriel :

Tous mes collègues sont aujourd'hui en formation.

– À l'écrit, l'information est donnée quatre fois : s, mes, s, sont.
– À l'oral, elle est présente deux fois : [tu] [me] [koleg] [so].
– À l'oral comme à l'écrit, l'information est répétée à plusieurs reprises au sein du message : la langue – ce n'est pas spécifique à la langue française – inclut la redondance comme principe de fonctionnement : c'est assurément que nous en avons besoin pour bien nous comprendre.

L'autre variante de la redondance, c'est celle que l'on peut et que l'on doit, dans certaines conditions, introduire volontairement dans un message pour en faciliter la compréhension et la mémorisation. Celle-là nous intéresse particulièrement bien sûr. Elle est utile à l'écrit, mais elle l'est bien davantage encore à l'oral. En effet, lorsqu'on déchiffre un texte écrit, on a tout le loisir d'arrêter sa lecture pour réfléchir, de revenir en arrière, ou de recourir au dictionnaire. En revanche, il serait malvenu d'interrompre constamment votre directeur pour lui demander de s'exprimer plus clairement...

À savoir : le taux de redondance volontaire dans une communication orale doit être proportionnel au nombre des auditeurs (en effet, plus l'auditoire est nombreux, plus l'information se perd) et inversement proportionnel au niveau de connaissance des récepteurs : ne les prenez pas pour des idiots !

➡ L'écoute

L'écoute est probablement la principale qualité d'un bon communicateur. Elle se travaille : faites l'effort de vous taire quand votre interlocuteur s'exprime, soyez attentif à ses propos, pratiquez la reformulation, développez vos qualités de synthèse. Comprenez que l'enjeu est d'importance : dans votre vie professionnelle comme dans vos relations quotidiennes, l'écoute est le principal adjuvant de la persuasion.

➡ Le retour aux sources

Si nous prenions la précaution de vérifier nos sources d'information, nous nous éviterions souvent bien des erreurs et des déboires : je me suis fâchée avec X parce qu'on m'avait dit que X avait dit que... Or X n'avait rien dit de tel. Mais X n'a pas apprécié que je croie qu'il avait dit que... Et nous sommes fâchés pour de bon... Tâchez donc de remonter à la source de l'information, ne réagissez pas à un bruit de couloir comme s'il s'agissait d'une vérité, méfiez-vous des rumeurs !

➡ Les stéréotypes

Le message est trop souvent déformé, au niveau de l'émission comme de la réception, par les idées reçues, les préjugés, le recours inconscient aux stéréotypes : les jeunes sont comme ci, les femmes sont comme ça... L'image fausse que l'on se fait de l'autre induit une perversion de la communication : on croit dire et l'on dit involontairement autre chose, on croit entendre ce qui n'a pas été dit...

On distingue six fonctions de la communication correspondant chacune à l'une des six constantes figurées dans le schéma initial.

■ Référent
– Fonction référentielle
– Émetteur
– Fonction expressive   Récepteur
– Fonction conative

■ Message
– Fonction poétique

■ Canal
– Fonction phatique

■ Code
– Fonction
– métalinguistique

➡ **La fonction référentielle, ancrée sur le référent.** On utilise la fonction référentielle de la communication quand on veut donner en quelque sorte l'information brute. La fonction référentielle englobe tous les éléments de stricte information.

Exemple :
Le photocopieur est en panne.

➡ **La fonction expressive (ou émotive), ancrée sur l'émetteur.** On utilise la fonction expressive de la communication quand on veut mettre en évidence le point de vue de l'émetteur (émotions, sentiments, jugements personnels). La fonction expressive se reconnaît notamment à l'emploi de la première personne (je, nous) et à l'utilisation d'interjections (hélas ! zut ! chic ! super ! dommage !). À l'oral, elle apparaît en outre dans les intonations, les hésitations, les manifestations non verbales (gestes, mimiques, rougissement, etc.).

Exemple :
Zut ! J'en ai marre ! Le photocopieur est encore en panne !

⇒ **La fonction conative, ancrée sur le récepteur.** On utilise la fonction conative de la communication quand on veut mettre en valeur le récepteur, ou qu'on cherche à influer sur son comportement, à lui faire prendre une décision, à le convaincre de changer d'opinion, à le conduire à une action.

On repère la fonction conative de la communication notamment à l'emploi de la deuxième personne (tu, vous), du vocatif, de l'impératif.

Exemple :
Le photocopieur est en panne, faites-le réparer dans les meilleurs délais !

⇒ **La fonction poétique, ancrée sur le message.** On utilise la fonction poétique de la communication quand on veut attirer l'attention sur la forme du message. On reconnaît la fonction poétique à l'utilisation des figures de style.

Exemple :
Photocopieur en panne, personnel en peine !

⇒ **La fonction phatique, ancrée sur le canal.** On utilise la fonction phatique de la communication quand on a besoin de signaler qu'on va entrer en contact avec un interlocuteur (on ouvre le canal) ou qu'on va couper le contact (on ferme le canal).

La fonction phatique se reconnaît à l'utilisation de formules qui n'ont pas vraiment de sens ou plutôt qui signifient seulement : « je vais entrer en communication avec toi », ou « notre communication va se terminer ».

Exemples :
Allo ! (= je suis là, je suis prêt à vous écouter)

Bon… (au début ou à la fin d'un cours ou d'un exposé = « je voudrais bien commencer, est-ce que vous êtes prêts à m'écouter ? » ou « j'ai terminé »)

⇒ **La fonction métalinguistique, ancrée sur le code.** On utilise la fonction métalinguistique quand on éprouve le besoin de donner des explications, des éclaircissements, sur le code qu'on utilise.

On reconnaît la fonction métalinguistique de la communication notamment à la présence d'expressions comme : « c'est à dire », « je veux dire par là », « en d'autres termes », etc.

Exemple :
Ce photocopieur est obsolète, autrement dit il est dépassé, on trouve maintenant des modèles nettement plus performants.

Les fonctions ne sont bien entendu pas exclusives et peuvent se superposer dans un même énoncé. Quelle que soit la situation de communication dans laquelle vous vous trouvez, le choix des fonctions adéquates est extrêmement important. Il permet, selon le cas, de personnaliser le message (« moi-même, j'utilise le photocopieur X et j'en suis très satisfait »), de mettre en valeur le point de vue de votre interlocuteur (« il est clair que vous ne pouvez pas travaillez correctement avec du matériel aussi peu fiable »), de dédramatiser la situation en introduisant de l'humour (fonction poétique), etc.

Les formes de communication non verbales

Nous le savons d'expérience, même silencieux, nous communiquons : « on ne peut pas ne pas avoir de comportement. Si l'on admet que, dans une inter-action, tout comportement a valeur de message, il suit qu'on ne peut pas ne pas communiquer ; qu'on le veuille ou non, activité ou inactivité, parole ou silence, tout a valeur de message ».

C'est que la communication ne se réduit pas au langage. Nous envoyons à notre interlocuteur quantité de messages par l'intermédiaire de notre regard, de nos mimiques, de nos gestes, de nos postures, de notre façon de nous asseoir, d'occuper l'espace…

Ces informations peuvent être considérées comme une méta-communication, une communication sur la communication. Tandis que les mots disent : « Voici ce que je propose », le geste, les mimiques, l'intonation confirment ou contredisent : « voici ce que je pense vraiment à propos de ce que je propose »…

➡ L'allure générale

L'allure générale (vêtement, accessoires, soins corporels) a son importance en communication. Selon certaines études, l'habillement jouerait à 84 % dans le recrutement d'un cadre.

➡ La posture

L'attitude générale adoptée par le corps traduit l'ouverture (+) ou la fermeture (–), le désir de communiquer (corps penché en avant) ou le refus de communiquer (corps en retrait), la sérénité ou la gêne,…

➡ Les mimiques

Notre visage comprend 47 petits muscles, responsables de 145 milliards de combinaisons, donc de mimiques différentes. Le visage, c'est « l'épiderme de la pensée ». Le chagrin, avant même de se dire, se lit sur le visage. Les plis du front témoignent de nos soucis. Mais seules sont vraiment identifiables sans risque de se tromper les émotions primaires, autrement dit la joie, la tristesse, la peur, la colère, le dégoût, la surprise. Et encore faut-il connaître le contexte : selon la situation, une même expression peut correspondre à des sentiments différents. En outre, il est intéressant de noter que la même émotion s'exprime différemment selon le sexe (homme ou femme), le statut (chef ou subordonné) et la culture (anglo-saxon ou méditerranéen) de l'individu.

Quelle que soit la situation dans laquelle on se trouve, il est extrêmement précieux de pouvoir interpréter les expressions qui passent sur le visage de notre interlocuteur et qui nous renseignent sur son humeur, ses sentiments, ses intentions.

⇒ Le regard

Le regard, c'est « le miroir de l'âme ». Il traduit toutes les nuances de nos sentiments, grâce notamment à la pupille qui comporte au moins 27 paramètres. On a remarqué que la pupille se fermait dans la colère, se dilatait dans l'intérêt, l'amour, le désir… Ce qui a conduit d'ailleurs certaines agences de publicité à mesurer l'impact d'une image publicitaire en effectuant une observation scientifique de la pupille des spectateurs-cobayes.

On sait également que « le regard d'autrui est un activateur émotionnel ; le seul fait d'être regardé augmente l'activité du tronc cérébral, le rythme cardiaque, le réflexe psycho-galvanique, le signe d'éveil à l'électro-encéphalographie, le nombre des mouvements d'auto-contact, et réduit les mouvements du tronc ».

On a observé également, sans qu'on puisse l'expliquer vraiment en l'état actuel des connaissances, que certaines personnes ont le pouvoir de faire se retourner quelqu'un en le regardant fixement au niveau de la nuque.

Enfin, dans ce domaine comme dans les autres formes de communication non verbales, il faut tenir compte du facteur culturel. On ne se regarde pas partout de la même façon. Ainsi, le temps de regards mutuels dans une conversation est élevé pour les Américains et Européens du sud ; il est bas pour les Américains et Européens du nord, les Asiatiques et les Indiens.

⇒ Le geste

À condition de ne pas tomber dans les excès de certains exégètes, l'analyse du geste permet à la fois d'affiner la perception que l'on a de son interlocuteur et de progresser soi-même dans les situations de communication.

■ Classification des gestes

⇒ Les emblèmes

Ce sont des gestes intentionnels, utilisés la plupart du temps quand l'échange verbal est rendu impossible par le bruit, la distance ou des circonstances particulières ; les emblèmes ont, à l'intérieur d'une même communauté socio-culturelle, un sens bien défini et connu de tous, au moins dans un contexte donné.

Chaque communauté possède en moyenne 150 à 200 emblèmes, dont les plus fréquents, équivalant à une injure, ont une connotation négative. Ces emblèmes négatifs bloquent la communication : après l'avoir accablé de gestes d'insulte, vous ne pouvez pas espérer tirer grand chose de votre interlocuteur !

La dimension culturelle influe de manière très significative sur la communication gestuelle, notamment en ce qui concerne les emblèmes : ainsi, les rituels de rencontre varient selon le pays : inclinaison du buste en avant, poignée de main, baiser sur la joue, baiser sur la bouche, frottement de nez, etc.

⇒ Les illustratifs

Les illustratifs sont des gestes qui accompagnent le discours verbal, qui ne peuvent pas exister sans lui, et qui ont pour fonction, soit de rythmer la production de paroles, au même titre que les pauses et les éléments vocaux prosodiques, soit d'illustrer ce qui est dit en joignant le geste à la parole (« c'est par là » + j'indique la direction avec le bras tendu et le doigt pointé).

⇒ Les manifestations de l'affect

Les manifestations de l'affect sont des gestes et surtout des mimiques et des expressions du regard, pas forcément en relation avec le contenu du discours verbal, qui traduisent les sentiments du locuteur (peur, surprise, dégoût, colère, etc.) ; ex : la grimace de l'orateur qui vient de se renverser son verre d'eau sur la cravate.

⇒ Les régulateurs

Les régulateurs sont des gestes, mimiques, expressions du regard, produits par l'émetteur et surtout le récepteur du message verbal et qui ont pour fonction, comme leur nom l'indique, de réguler l'échange ; ex : le hochement de tête qui indique à l'interlocuteur qu'on suit bien ou au contraire le bâillement, la gesticulation intempestive, signifiant qu'on s'ennuie, qu'on a « décroché », qu'on ne comprend plus rien.

⇒ Les adaptateurs

Les adaptateurs sont des gestes parfaitement involontaires, dont l'émetteur n'a souvent pas conscience, qui précèdent immédiatement la prise de parole ou accompagnent le discours : croisement de jambes, de bras, manipulations d'objets, grattage du nez, main devant la bouche, etc...

Dans une situation de communication difficile, les adaptateurs ont tendance à se multiplier : plus le stress augmente, plus les adaptateurs prennent d'importance dans l'échange, au risque de le perturber fortement : notre interlocuteur ne voit plus que ça !

■ L'interprétation des gestes

L'analyse psychologique des gestes est souvent séduisante. Mais attention ! Dans ce domaine, il faut être prudent et se garder de toute interprétation abusive. Certains chercheurs ont abouti à des conclusions caricaturales qu'il ne serait pas sérieux de prendre en compte : ainsi, le fait de croiser les jambes traduirait une peur inconsciente de la castration ! Passe encore pour les hommes... Mais pour les femmes, surtout lorsqu'elles portent une jupe ou une robe, le croisement des jambes correspond tout simplement au respect le plus élémentaire des règles de bienséance.

Cela étant, on peut observer certaines constantes et déterminer quels sont les gestes à éviter en communication, et ceux qu'il faut favoriser.

■ Les gestes à éviter

⇒ les emblèmes négatifs (cf. plus haut)

⇒ les manifestations de l'affect négatives

cf. le geste de mépris de L. Fabius lors du fameux débat avec J. Chirac.

➥ les régulateurs négatifs au-delà d'un certain seuil : je me sou-
viens d'un soir où les comédiens d'une troupe réputée, qui avaient
été excellents quelques jours plus tôt, ont été franchement mauvais. La raison ? Ce soir-là, le public, composé, pour une part, de
touristes étrangers qui n'étaient pas forcément intéressés par le
théâtre et qui, de surcroît, ne comprenaient pas tous le français,
renvoyait trop de signes négatifs : bavardages, froissement de
papiers de bonbons, bruits de mastication… Les comédiens ont
évidemment perçu ces signes et les ont inconsciemment traduits
par : « c'est une cause perdue d'avance, on n'arrivera pas à les
intéresser ce soir »…

➥ les adaptateurs s'ils sont répétitifs ou trop nombreux : quand
un orateur sonorise toutes les pauses (« euh »…) de son discours,
vous finissez par ne plus entendre que ça : il vous est peut-être
même arrivé de compter les « euh » !

■ Les gestes à favoriser

➥ les illustratifs, qui sont absolument indispensables : s'ils sont
absents (bras croisés ou bloqués dans le dos, mains dans les
poches…), un malaise s'instaure automatiquement entre les interlocuteurs.

Attention ! vos gestes doivent être adaptés à la gestuelle de votre
interlocuteur. La règle, c'est le respect du système de gestes de
l'interlocuteur, qui comprend deux dimensions :

➥ une dimension culturelle (cf. plus haut) ;

➥ une dimension personnelle (si votre interlocuteur est extrêmement timide et bloqué, il serait malvenu d'en rajouter de votre
côté) ;

➥ ses manifestations de l'affect positives, et notamment le sourire. On sait par exemple que, même au téléphone, le sourire
s'entend ;

➥ les régulateurs (même négatifs) si les partenaires ont le désir
sincère de progresser dans la relation de communication ;

➡ les adaptateurs occasionnels : c'est le petit défaut qui fait votre charme et qui humanise en quelque sorte la relation.

➡ L'organisation de l'espace

■ La prise de possession de l'espace

L'être humain a développé son esprit de territorialité au même titre que les animaux. « À chaque moment de notre vie, nous nous heurtons à des territoires d'où l'on nous fait comprendre très vite que nous ne sommes pas très désirables : bureaux, propriétés, clubs, édifices religieux, etc. Nous prenons très vite des habitudes d'occupation spatiale, nous asseyant ou nous couchant régulièrement aux mêmes endroits et sommes dépités lorsque quelqu'un a pris notre place. »

« Respecter le territoire de chacun, c'est l'assurance d'établir de bonnes relations, harmonieuses, avec tous. Il suffit d'un rien pour être gentiment accueilli ou définitivement écarté. »

➡ Espace ouvert – Espace fermé

E. T. Hall a remarqué que les Américains travaillent portes ouvertes, alors que les Allemands les ferment. Les Allemands ne supportent pas qu'on laisse les portes de leur bureau ouvertes. Cela crée à leurs yeux une atmosphère anormalement détendue et peu sérieuse.

➡ Espace fixe – Espace mobile

De la même façon, les Allemands n'admettent pas qu'un visiteur, dans leur bureau, déplace son siège. E. T. Hall rapporte le cas d'un journaliste allemand, résidant aux USA, qui avait fait fixer au plancher, « à la distance convenable », le siège réservé à ses visiteurs, parce qu'il ne pouvait supporter l'habitude américaine qui consiste à adapter la position du siège à la situation.

■ Les quatre zones de distance

Espaces et distances varient selon les situations. E. T. Hall détermine quatre zones caractéristiques des rapports inter-personnels :

La distance intime traduit une relation d'engagement avec un autre corps (lutte, protection, réconfort, acte sexuel). L'intrusion inopportune dans la sphère intime induit malaise et nervosité (cf. voyageurs dans le métro aux heures d'affluence)

La distance personnelle désigne la zone de protection que l'organisme crée autour de lui pour s'isoler. La « bulle spatiale » de chaque individu serait toujours plus étendue devant que sur les côtés ou derrière. (Le sentiment d'agression est ressenti plus vite de face).

Le facteur culturel intervient pour moduler la notion de distance. Il est important de le savoir, et surtout de s'en souvenir quand on entretient des relations professionnelles avec des étrangers.

En Afrique du nord comme en Amérique latine, la distance d'inter-action est beaucoup moins élevée qu'aux USA. « En fait, les gens ne se sentent à l'aise pour parler que lorsqu'ils se rapprochent de la distance qui, aux USA, évoque le sexe ou l'agressivité. Il s'ensuit que, lorsqu'ils se rapprochent, nous reculons. Ils pensent que nous sommes distants. De notre côté, nous leur reprochons de nous souffler dans les oreilles, de nous envahir, de nous postillonner dans la figure. ».

La distance sociale caractérise la distance de travail. E. T. Hall donne comme exemple la réceptionniste qui doit également remplir la fonction de dactylo : placée à trois mètres, elle ne se sent pas obligée de faire la conversation.

La distance publique est celle des réunions politiques ou des spectacles. Le système de locution est profondément modifié : rythme ralenti, articulation plus soignée, syntaxe plus formelle.

➡ **Utilisation de la voix**

Pour mieux percevoir les possibilités qu'offre la voix, il faut comprendre comment elle fonctionne. La voix est en quelque sorte le produit final d'un instrument à vent. Avec une soufflerie (l'appareil respiratoire), un vibrateur (ou l'instrument lui-même) et des résonateurs (le pharynx, le nez, la bouche).

■ Voix et respiration

Toutes nos émotions retentissent sur notre respiration. Quand on a peur, qu'on est stressé, mal à l'aise, cela s'entend dans notre respiration. À l'inverse, ce qui est particulièrement précieux, en agissant sur la respiration, et notamment en utilisant une respiration abdominale et en ralentissant l'expiration, on peut trouver le calme intérieur. Cela ne s'improvise pas mais se travaille, et cela est utile dans bien des circonstances.

■ Placement de la voix

Un mauvais placement de la voix fatigue celui qui parle et les oreilles de ceux qui vous écoutent. Les défauts généralement observés : une voix de gorge risque de vous rendre vite aphone. Deuxième constat : sous l'effet du stress, la voix a tendance à se percher. Lorsque vous êtes dans cette situation (prise de parole en public par exemple), pensez-y et placez d'emblée votre voix plus bas.

■ Articulation

Lorsqu'elle n'est pas caricaturale, une bonne articulation aide à la compréhension du message. Elle permet en outre de compenser un placement de la voix un peu hésitant. Elle est enfin pour l'orateur un facteur d'autorité. L'articulation des consonnes joue un rôle essentiel dans la netteté articulatoire. Les principales erreurs d'articulation proviennent de la suppression involontaire de certaines consonnes (à vot(r)e bon cœur) ou de la mauvaise prononciation de certains sons (eks, transformé en esk, cf. escuser au lieu d'excuser, espliquer au lieu d'expliquer). Ces défauts d'articulation, s'ils ne nuisent généralement pas à la compréhension du message, risquent malheureusement de discréditer leur auteur.

Un cas particulier : les liaisons. Quand nous parlons, nous utilisons presque 40 sons différents qui peuvent être dissociés ou s'imbriquer comme les maillons d'une chaîne (cf. liaisons).

Il convient de distinguer :

– les liaisons obligatoires (les z aspects, les z usagers),

– les liaisons interdites (les haricots),

– les liaisons facultatives (je suis z ici, nous sommes z enchantés).

Les liaisons facultatives augmentent avec le niveau de langue. Plus la situation est formelle, (conférence publique, intervention médiatique, entretien professionnel), plus le nombre de liaisons facultatives doit augmenter.

■ Débit

En matière de débit, autrement dit de vitesse d'élocution, les excès sont à proscrire. Un débit trop rapide (cf. le stress) ou trop lent agacera votre interlocuteur. La marge de manœuvre est relativement restreinte (de 120 à 160 mots par minute). Il sera néanmoins sensible aux variations de débit dans vos propos (accélération, ralentissements, pauses). En outre, le débit doit être varié. C'est ce qui donne la vie à un discours.

■ Intonation

L'intonation renseigne sur les sentiments du locuteur. Sur sa personnalité également. Dans le cadre d'un échange, l'intonation a souvent plus de valeur que les paroles exprimées.

■ Utilisation des silences

À l'oral, les pauses sont nécessaires pour reposer l'auditoire et mettre en évidence les articulations de la pensée. En revanche, le silence induit par le stress crée entre émetteur et récepteur(s) malaise et tensions ; il faudra éviter de le prolonger.

Les rapports entre verbal et non-verbal

Dans n'importe quelle situation, – banale –, de communication entre deux ou plusieurs individus en présence les uns des autres, (conversation, entretien, cours, exposé, etc.), le non-verbal est un message capital.

En effet, c'est le non-verbal qui l'emporte

➡ **au plan quantitatif :** en une demi-heure d'entretien, on échange pas moins de 800 messages non verbaux ; dans une situation de prise de parole en public, 38 % de votre impact est dû à la qualité de votre voix, (placement, articulation, débit, intonation) et 55 % à vos qualités de communication gestuelle (mimiques, regards, gestes), alors que 7 % seulement de l'effet produit est dû au contenu de vos propos (richesse des informations, logique de la construction, qualités d'expression, choix stylistiques, fonctions de la communication et niveaux de langue adéquats, choix d'exemples pertinents).

Bien sûr, aussi sérieux soient-ils, ces chiffres sont à considérer avec précaution. Ne serait-ce que parce qu'il manque dans l'étude réalisée certaines composantes importantes : si l'on voulait être complet, il faudrait déterminer notamment quel pourcentage de l'impact revient à la pertinence des supports visuels choisis pour illustrer le discours. Mais ces chiffres prouvent clairement l'importance des facteurs non verbaux en communication.

Nous avons beaucoup insisté sur l'oral, mais c'est vrai aussi à l'écrit : on interprétera votre écriture (graphologie), la qualité et la couleur du papier (!), le type de stylo que vous avez utilisé, etc.

➡ **au plan qualitatif :** d'une part, selon votre degré de maîtrise des formes de communication non verbales, vous risquez de discréditer votre propos ou au contraire vous avez le pouvoir de le valoriser. À vous de choisir la meilleure option ! Rien de plus simple en fait : il suffit de vous y entraîner.

D'autre part, et cela est un constat fondamental, s'il y a contradiction entre ce que vous dites et ce que vous communiquez malgré vous au travers de vos mimiques, vos expressions de visage, vos gestes, votre intonation, ce sont les mimiques, les expressions, les gestes, l'intonation qui prévaudront. C'est toujours le non-verbal que l'on retient, parce que l'on sait d'expérience que lorsque le verbe ment, le corps dit la vérité. C'est un fait qu'on observe dans toutes les situations, quotidiennes ou exceptionnelles.

Prenons l'exemple, typique, du mensonge. Sauf si l'on est un excellent menteur (et cette aptitude est paraît-il l'un des privilèges de l'âge !), le menteur est généralement trahi par sa voix ou son corps. On observe en effet chez l'individu en train de mentir une diminution des illustratifs, une augmentation des changements de posture et des gestes adaptateurs, notamment des gestes d'auto-manipulation du visage (caresses du visage, main sur la bouche), un regard qui se détourne ou qui se fixe trop longtemps, une accélération du rythme cardiaque, un rougissement, des bredouillements, une altération de la voix. Il se trahit aussi par des micro-expressions très fugitives, de la durée du centième de seconde, qu'on ne voit pas forcément, mais qu'on peut intégrer pourtant dans notre perception globale de la situation (« il y a quelque chose qui ne colle pas dans le comportement de mon interlocuteur »).

Cette perception s'explique par la complémentarité des deux cerveaux, gauche et droit. En effet, vous savez que tout ce qui relève du visuel (mimiques, regard, gestes, postures, déplacements dans l'espace) est perçu par l'hémisphère droit du cerveau. Les modalités de la voix (volume, rythme, intonation, etc.) également. Alors que les mots entendus sont perçus par l'hémisphère gauche. Le cerveau croise les informations venant des deux hémisphères. Lorsqu'elles sont paradoxales, il s'ensuit une impression de malaise. Au contraire, lorsqu'elles sont redondantes, la communication s'en trouve renforcée. Une communication réussie suppose donc, on l'aura compris, qu'il y ait cohérence entre le discours et le geste.

Il faudrait retenir de cette partie sur les formes de communication non verbales une idée générale : l'importance capitale du message non verbal dans l'ensemble des situations de communication. Et deux principes fondamentaux.

- il faut se situer en phase avec son interlocuteur : il s'agit d'adopter un système de communication non verbale qui ne se heurte ni à son système de références culturelles, ni à sa personnalité propre ;

- il faut être cohérent avec soi-même : on touche là, vous l'aurez deviné, aux limites des formations à la communication. Malheureusement certains prétendus conseillers en communication ne l'ont pas compris : il n'est rien de pire que de se fabriquer une gestuelle artificielle, qui sonnera nécessairement faux ; le geste fabriqué est du même ordre que la langue de bois ; en aucun cas il n'inspirera confiance.

Si vous avez compris cela, vous avez toutes les chances d'être un communicateur idéal. Ce qu'on appelle l'intuition relationnelle n'est rien d'autre que la perception et l'interprétation juste des signes non verbaux. Est bon psychologue celui qui sait deviner ce que pense vraiment son interlocuteur en observant tous les indices qu'il donne malgré lui. En communication, cela est précieux.

PROPOSITION DE MÉTHODE

Ces points de repères étant posés, vous pouvez maintenant analyser chaque situation particulière de communication à laquelle vous êtes confronté(e) en faisant le point sur les items suivants :

- Qui envoie le ou les message(s) ?
- À propos de quoi ?
- À qui ?
- Par quel canal ou canaux ?
- Selon quel(s) code(s) ?
- Dans quel(s) but(s) ?

■ Dans quel contexte ?

Vous l'aurez remarqué, l'ensemble de ces questions est à mettre en relation avec les constantes de toute situation de communication :

Ces questions sont le préalable indispensable à l'élaboration de votre message, quelle qu'en soit par ailleurs la nature (note de service, rapport, dossier, conférence, entretien, réunion, etc.). En effet, c'est après avoir effectué la synthèse de toutes les réponses obtenues que vous pouvez commencer à réfléchir aux caractéristiques souhaitables pour votre message.

Si le principe peut sembler relever de l'évidence, sa mise en pratique dans les situation concrètes suppose un minimum de rigueur (il faut bien vous poser toutes les questions) et surtout d'entraînement : chaque question en effet est à décomposer en sous-questions qui ne sont pas toutes intéressantes dans la situation considérée. La principale difficulté consiste donc à repérer dans l'ensemble des questions celles qui sont pertinentes et à éliminer les autres. Reprenons chacun des items énoncés plus haut :

➡ Qui êtes-vous, vous qui envoyez le message ?

Cette question peut se décomposer par exemple en sous-questions relatives à votre identité, votre âge, votre sexe, votre CSP, votre statut, votre origine familiale, votre origine géographique, votre vécu personnel, votre personnalité, vos opinions, vos préjugés, votre système de valeurs, etc. Elle renvoie également à autant de sous-questions relatives à l'image que le récepteur a de vous : vous connaît-il ou pas ? Que sait-il ou peut-il savoir de vous ? Ou encore qu'a-t-il besoin de savoir de vous ? Vous apprécie-t-il ou non ? Quel genre de préjugés peut-il nourrir à votre égard ? etc.

Le jeune diplômé qui se présente à un entretien d'embauche peut s'attendre à ce que sa jeunesse et son inexpérience constituent des freins pour le recruteur. À lui de gérer la situation en connaissance de cause.

Dans tous les cas, un demandeur d'emploi doit avoir effectué un bilan personnel (qui suis-je ? quelles sont mes qualités, mes défauts, mes valeurs, mes motivations, mes ambitions profession-nelles, etc.) avant de se présenter à un entretien. Mieux vaut éga-lement qu'il connaisse les critères selon lesquels il peut éventuellement être jugé (tests de connaissance, tests psychologi-ques, morpho-psychologie, numérologie, signes du zodiaque…). Et qu'il ait réfléchi aux préjugés que le recruteur pourrait nourrir à son égard (sexe, couleur de peau, origines…).

Revenons à votre briefing du lundi matin. Vous avez constaté que vos collaborateurs semblaient s'y rendre de mauvaise grâce, inter-venaient peu, et que tout le monde finalement perdait plus ou moins son temps. Les vrais problèmes étaient évoqués à la pause, devant la machine à café ! Vous êtes-vous seulement demandé pourquoi ? Qui êtes-vous, vous qui avez cru bon d'instaurer cette règle dans votre service ? Quelle image vos collaborateurs peu-vent-ils avoir de vous ? Celle d'un petit nouveau, fraîchement sorti de l'école, qui prétend tout révolutionner (votre prédécesseur n'organisait pas de briefing le lundi matin) et ne fait qu'embêter le monde avec des réunions qui ne serviront à rien… Vous venez d'arriver. Commencez donc par réfléchir à l'image que l'on peut a priori, avoir de vous, et anticipez… Vous allez donc commencer par demander à vos futurs collaborateurs leur avis : y avait-il des problèmes parfois dans le service avant votre arrivée ? Comment étaient-ils gérés ? Est-ce que l'idée d'organiser un briefing cha-que semaine leur semble une bonne idée ? Et si oui comment faire en sorte que ces réunions soient utiles à tous ? Quelles règles de fonctionnement suggèrent-ils de mettre en place ? Résultat : cha-cun se sentira concerné et le briefing du lundi matin sera dès le départ une réussite…

Peut-être dans la situation envisagée, êtes-vous non pas un, mais plusieurs émetteurs. Dans ce cas combien êtes-vous ? Quels pro-blèmes cela pose-t-il ? Quels sont les intérêts de chacun ? Com-ment faut-il concevoir la répartition des tâches à tous les niveaux du projet ? Quels types de relations entretenez-vous ? Êtes-vous ou non organisés en relais ? Prévoyez donc les difficultés possibles pour les limiter autant que faire se peut.

➡ Quel est l'objet de votre message ?

De quoi parlez-vous ? Ce doit apparaître clairement dans votre message. Rien de plus agaçant, vous l'avez maintes fois constaté, que d'avoir à s'interroger après avoir pris connaissance d'un courrier : mais que veut-il au juste ce monsieur ? Il est indispensable de préciser très clairement au début de votre lettre son objet : « objet : demande de rendez-vous », ou, pour prendre un autre exemple, de re-préciser en début de réunion (ce qui a déjà été fait une première fois dans la convocation), l'ordre du jour qui a été défini.

➡ À qui est destiné votre message ?

Que savez-vous du récepteur ? De sa personnalité ? De ses intérêts ? Qu'attend-t-il de vous ? Reprenez toutes les sous-questions formulées plus haut en les dirigeant vers votre interlocuteur. Effectuez ensuite toutes les opérations nécessaires pour adapter le message à votre ou vos interlocuteurs. Vous avez par exemple un mailing à rédiger pour trouver des sponsors. Allez-vous l'adresser à toutes les entreprises de la région ? À 2 F 50 l'unité, vous avez peut-être intérêt à cibler intelligemment vos envois… Demandez-vous donc quelles entreprises peuvent être intéressées par votre démarche, compte tenu de ce vous avez à leur proposer en contre-partie. Et qui, au sein de l'entreprise, est susceptible de pouvoir répondre à votre demande. Une fois votre cible définie, réfléchissez à la façon dont vous allez vous adresser à votre interlocuteur « Monsieur » ? « Monsieur le Directeur » ? et à l'argumentation que vous allez développer à son intention. Mettez-vous à la place de votre interlocuteur. Comment réagiriez-vous si l'on vous écrivait par exemple : « Notre offre constitue une grande chance pour votre entreprise » … Ou encore : « Nous vous avons sélectionné comme sponsor parce que vous êtes une des entreprises les plus dynamiques et les plus performantes de la région » ? … Ne prenez pas votre interlocuteur pour un imbécile. Le respect de l'autre est une règle d'or en communication.

➡ **Quels sont vos objectifs ?**

Définissez clairement tous vos objectifs avant de vous lancer dans l'action. Gardez-les à l'esprit pendant l'élaboration du message. Vérifiez que le message terminé correspond bien aux buts que vous vous étiez fixés.

➡ **Par quel canal ou canaux ?**

Quel canal ou canaux allez-vous utiliser ? Avez-vous le choix ? Dans ce cas, quels supports paraissent le mieux adaptés à la situation ? …). Prévoyez les mécanismes d'adaptation au canal : vous ne préparerez pas un discours de la même façon selon qu'il doit être dit en public, enregistré pour la radio ou filmé pour la T.V.

Quels problèmes spécifiques risquent de se poser ? (communication en direct ou communication différée, possibilités de feed-back, « bruits » prévisibles,…)

Prévoyez, si cela est envisageable, des modalités d'évaluation de l'efficacité de votre message (enregistrement de votre exposé, fiche d'évaluation distribuée aux auditeurs…). Vous pourrez ainsi estimer a posteriori votre performance : dans quelle mesure le message est-il bien passé ? Vos objectifs ont-ils été atteints ou non ? Analysez les bruits qui ont perturbé le message : étaient-ils prévisibles ? Pourrez-vous faire mieux la prochaine fois ?

➡ **Selon quel(s) code(s) ?**

Faites l'inventaire des différents codes que vous allez utiliser (langage écrit, ou oral, image, image filmée, musique). Tenez compte des données spécifiques à chaque code : vous réalisez une affiche pour défendre une idée, cela n'a rien à voir avec une argumentation écrite ; l'affiche doit sélectionner un très petit nombre d'arguments, être visible de loin, se prêter à une vision synthétique.

➡ **Dans quel contexte ?**

Où ? Quand ? Dans quel contexte économique, social, politique, personnel, etc. ? Avec quelles contraintes financières ?

Où doit avoir lieu votre briefing hebdomadaire ? La salle n'est-elle pas trop grande, ou trop petite, pour votre auditoire ? Est-elle agréable ? À quoi sert-elle d'habitude ? Est-elle équipée techniquement pour les interventions de chacun (paper-board, tableau blanc, rétroprojecteur, T.V. et magnétoscope) ? Le mobilier est-il adapté ? Quelle heure conviendra le mieux, compte tenu des habitudes et des contraintes de chacun ? La salle est-elle réservée par d'autres juste après ? Avez-vous prévu le café-croissants ou les rafraîchisements pour la pause ?

➡ **Synthèse des données**

Vous n'avez plus qu'à effectuer la synthèse de toutes les données précédentes avant d'élaborer votre message.

Définissez la forme que doit prendre votre message :

■ sa longueur ; (exposé de 15 minutes ou conférence d'une heure et demie ?) ;

■ les « niveaux de langue » à utiliser (relâché, familier, soutenu ?) ;

■ les « fonctions » de la communication les mieux adaptées (ex : on a l'habitude de ne considérer pour faire un exposé que la fonction référentielle (= informer) ; pensez à l'utilité de la fonction métalinguistique (= expliquer), conative (= impliquer), poétique (= accrocher).

Choisissez les procédés rhétoriques les plus performants ; ils peuvent servir efficacement votre argumentation : on se souviendra d'une phrase particulièrement bien tournée, d'un « bon mot », d'une formule judicieusement choisie.

Structurez votre message : faites un plan détaillé pour votre exposé, un guide pour votre interview, un schéma d'ensemble pour votre affiche, un story-board pour votre film.

Définissez la liste des tâches nécessaires à l'élaboration de votre message, l'ordre dans lequel elles doivent être exécutées, le calendrier de travail.

Et, cette fois, c'est parti !

CAS PRATIQUE

Après avoir posé les repères théoriques indispensables et présenté la grille générale d'analyse, voyons comment procéder concrètement.

Exemple : vous avez cette semaine à intervenir oralement dans un séminaire de formation pour présenter devant l'animateur et les autres participants les résultats auxquels vous avez abouti dans votre service en matière de tableaux de bord. Comment allez-vous vous y préparer ?

Reprenons chacune des questions répertoriées plus haut.

Qui êtes-vous, vous qui envoyez le message ?

Et à qui parlez-vous ?

Vous êtes un participant parmi les autres. Soyez donc modeste. Vous parlez à des pairs.

Qu'a-t-on besoin de savoir sur vous ? D'où vous venez, quelle est l'importance et la spécificité de votre service.

Qu'attend t-on de vous ? Sûrement pas un cours sur les tableaux de bord ! Cela indisposerait et l'animateur (le prof, c'est lui, pas vous) et tous les participants (s'ils faisaient tous la même chose, imaginez ce que cela donnerait…) Ce qu'on attend vraisemblablement de vous, c'est ce que vous attendez des autres : que chacun développe son expérience personnelle, évoque les difficultés rencontrées, décrive les résultats obtenus, fasse état des questions qu'il se pose. C'est la mise en perspective de toutes les expériences individuelles qui va permettre à l'animateur d'effectuer une synthèse parlante pour tous.

En termes de personnalité, on peut dire (c'est bien sûr une hypothèse) que vous êtes quelqu'un de stressé. Il y a de grandes chances que la situation (prise de parole en public) aggrave encore votre malaise. Comment gérer cela ?

D'abord il faut savoir que vous n'êtes pas le seul à avoir le trac lorsque vous devez prendre la parole en public... Une enquête effectuée auprès de 3000 personnes aux USA a révélé que sur une liste de 14 peurs, celle de parler en public était classée au premier rang, avant la peur du vide qui se place en numéro deux et bien avant la peur de la mort, qui arrive en sixième position. D'après une autre étude, réalisée en France cette fois, 3 % seulement des Français aiment parler en public.

Les symptômes, vous les connaissez bien : accélération du rythme cardiaque (qui passe de 60-70 battements par minute en moyenne à 95 et jusqu'à 140 pulsations par minute au début de la prise de parole), blocage de la respiration, augmentation de la température du corps.

Les effets ne se font pas attendre : on transpire, on rougit. À petite dose, le trac stimule la performance. Mais au-delà d'un certain seuil, le trac perturbe et fait perdre à l'orateur tous ses moyens : tremblements, bégaiement, instabilité physique (on se dandine d'un pied sur l'autre), blocage de la gestuelle illustrative, (bras croisés, mains dans les poches) et multiplication des gestes adaptateurs, trous de mémoire (on s'arrête en plein milieu d'une phrase et on ne sait plus ce qu'on était en train de dire), troubles de la concentration (on savait pourtant son exposé par cœur...).

Pour lutter efficacement contre le stress, il faut en identifier l'origine. Le trac serait plus marqué chez les timides. Il proviendrait alors d'une sorte d'hyper-sensibilité à la présence d'autrui. Ou d'un manque de confiance en soi. Souvent des deux.

Il peut également découler d'un narcissisme exacerbé : on est tellement obnubilé par l'image qu'on veut donner de soi qu'on en oublie l'essentiel : ce qu'on veut apporter à l'auditoire. On est fixé sur une pensée obsessionnelle : briller, se faire valoir, surtout ne pas perdre la face.

Le stress peut reposer aussi tout simplement sur la prise de conscience, objective, de son incompétence : on ne s'est pas suffisamment préparé, on ignore tout de l'auditoire, on connaît mal le sujet, on n'a pas pris le temps de réfléchir à la construction de l'exposé, à sa formulation, on ne maîtrise pas les techniques de présentation. Dans ce cas, on ne peut s'en prendre qu'à soi-même…

Quelques conseils pour se préparer

➡ **Sommeil :** indispensable…

➡ **Alimentation.** Sont recommandés :

- les aliments riches en vitamine C ;
- les sucres lents ;
- le fer, l'iode, le calcium, le phosphore, le magnésium, le zinc, les vitamines du groupe B : tous les éléments qui jouent un rôle dans le bon fonctionnement du système nerveux central ;
- l'eau, qui hydrate la gorge asséchée par le stress.

Sont à éviter :

- l'alcool, qui, quoi qu'on en pense, n'améliore pas la performance, loin de là…
- le café, qui, contrairement aux idées reçues, perturbe la coordination motrice et augmente l'anxiété et la tension.
- l'association alcool-café qui entraîne un effet de confusion mentale assez prononcé…

➡ **Médicaments :** méfiez-vous des anxiolytiques ; certains entraînent des troubles de l'élocution (bouche molle) ; on a observé que les bêta-bloquants, notamment le propanol, bloquent le tremblement provoqué par le stress et ont un effet anxiolytique mais peuvent perturber la mémoire…

➡ **Techniques de relaxation :** elles permettent un contrôle efficace de la respiration et une amélioration des facultés de concentration. On ne saurait trop insister sur l'importance de cette composante ; la maîtrise de la respiration, obtenue grâce à une pratique régulière du yoga par exemple, vous permet d'agir directement sur le trac : en allongeant votre expiration, vous calmez le jeu ; l'effet est spectaculaire.

➡ **L'empathie :** il faut avant tout penser à son auditoire, se renseigner sur ce qu'il attend, répondre à ses préoccupations, apporter des solutions à ses problèmes.

➡ **La confiance :** à ceux qui manquent d'assurance, on peut recommander les séminaires de pensée positive, l'auto-suggestion : la méthode « Coué » (pharmacien et psychothérapeute français mort en 1926) et les séminaires de l'Américain Dale Carnegie par exemple. Trouvez-vous une raison de vous faire plaisir.

Exemple : vous avez réussi à faire construire par vos collaborateurs, de façon volontaire, le graphique d'analyse de leur activité (rectangles-flèches – cf. annexe 3 –) et vous êtes content de le présenter.

➡ **La modestie :** aux grands narcissiques, anxieux à l'idée de ne pas donner d'eux-mêmes l'image idéale, on ne peut que conseiller d'entamer un travail sur soi : il faut cesser de s'imaginer qu'on est le centre du monde, se prendre moins au sérieux, accepter de se montrer avec ses défauts, relativiser…

➡ **Les supports visuels :** ils détournent les regards de l'auditoire vers autre chose que vous-même. Délivré du poids de tous ces regards, vous pouvez respirer…

➡ **Les points d'appui :** si vous êtes debout, immobile, pensez à la métaphore de l'arbre avec ses racines. Cela vous stabilisera et vous donnera de la « présence ».

➡ **La préparation mécanique :** à tous, il faut rappeler le précepte de Boileau : « Cent fois sur le métier remettez votre ouvrage »… Rien de tel que l'entraînement. À force d'exercices pratiques répétés, on acquiert des automatismes qui permettent au conférencier d'oublier les détails pour se concentrer sur l'essentiel, autrement dit sur ce qu'il veut transmettre. Et surtout de ne plus avoir le trac après les premières minutes. Bref, vous l'avez compris, il faut multiplier les occasions de vous produire en public. C'est dans l'action que l'apprentissage se produit.

Quel est l'objet de votre message ?

Vous avez à traiter de la mise en place de tableaux de bord dans votre service. Ne vous égarez pas dans des digressions qui n'en finissent pas.

Exemple : vous développez les différentes missions de l'organisme auquel vous appartenez, ses effectifs, son implantation géographique, alors que le cas à décrire ne traite que de l'activité d'un service de cinq personnes.

Restez-en au sujet, ne retenez que les informations pertinentes. Et allez à l'essentiel. Votre auditoire appréciera : personne n'aime perdre son temps ; le bavardage inconsidéré nuit à l'éloquence ; il est préférable de vous arrêter avant de perdre l'intérêt de votre public.

Quels sont vos objectifs ?

Clarifiez dès le départ vos objectifs. Dans la situation considérée, on peut estimer que vous allez tout faire, d'une part, pour apporter des informations claires, précises, utiles à vos interlocuteurs ; d'autre part, pour les intéresser sur le moment et, donc, capter leur attention ; enfin, pour laisser une trace dans leurs mémoires. Un exposé brillant dont il ne reste rien quelques heures plus tard n'est pas un bon exposé.

Ce triple objectif vous conduira nécessairement :

➡ **à utiliser des mots et des constructions simples :** évitez les termes sophistiqués que la moitié de votre auditoire ne comprendra pas. Gardez bien à l'esprit que votre objectif n'est pas de vous faire valoir, mais de transmettre des informations.

Exemple : utilisez le terme réorganisation, plutôt que reengineering.

➡ **à structurer votre propos de manière rigoureuse.** Évitez le plan-catalogue, qui égare plus qu'il ne guide ; comment voulez-vous que votre interlocuteur retienne quelque chose d'une argumentation développée en trente-six mille points ? Surtout si – et cela va souvent de pair-, la succession des paragraphes est le fruit du hasard. Préférez un plan logique en deux, trois, quatre parties maximum.

Exemple :
1- La description de l'activité du service
1-1 Les prestations fournies
1-2 Les prestations reçues
1-3 Les activités effectuées

Exemple (suite)
2- La définition des objectifs
2-1 Les résultats satisfaisants
2-2 Les dysfonctionnements observés
2-3 Les objectifs qui en découlent
3- Les indicateurs du TdB
3-1 Les indicateurs d'impact
3-2 Les indicateurs d'activité
3-3 Les indicateurs d'environnement

Présentez-le dès l'introduction, et, si possible, visualisez-le, pour que vos auditeurs sachent à chaque instant de votre discours, où vous en êtes. Il vous servira également, à vous, de fil conducteur.

- à illustrer chacun de vos constats de chiffres, de dates, d'exemples, images, anecdotes ; soyez concret chaque fois que vous le pouvez,

- à concevoir pour votre intervention des supports visuels. C'est l'assurance de maximiser votre impact, à condition bien sûr que vous ayez un minimum de savoir-faire dans ce domaine. Les statistiques sont éloquentes à cet égard :

Nous apprenons en effet 1 % par le goût, 1,5 % par le toucher, 3,5 % par l'odorat, 11 % par l'ouïe, 83 % par la vue. Faites donc voir, entendre, toucher, goûter…

Nous nous souvenons

- à 10 %, de ce que nous avons lu
- à 20 % de ce que nous avons entendu
- à 30 % de ce que nous avons vu
- à 50 % de ce que nous avons entendu et vu. Normal : le cerveau reçoit deux fois l'information, par l'hémisphère gauche (oral), et par l'hémisphère droit (visuel) ; les deux hémisphères sont reliés (cf. recherches du Pr Roger Sperry, Prix Nobel 1981) par un pont de fibres, le corps calleux, qui permet aux informations de transiter de l'un à l'autre ; les deux perceptions sont conjuguées instantanément en une perception unique, considérablement enrichie par un effet de redondance positif.

Ne concevez donc plus un exposé sans supports visuels… Ils présentent d'ailleurs d'autres avantages : ils permettent en effet, nous l'avons dit un peu plus haut, de détourner les regards vers un autre objet que vous et, par conséquent, de diminuer votre stress ; ils libèrent votre geste : parce que vous avez à montrer, à manipuler, vous oubliez que votre corps est mal à l'aise ; et ils valorisent dès le départ votre image en témoignant du sérieux de votre préparation.

Quels canaux allez-vous utiliser ?

Faites l'inventaire des matériels dont vous pouvez disposer dans la salle qui vous a été attribuée. Et choisissez ceux que vous allez utiliser. Le type de matériel importe peu. Il sera efficace s'il est adapté à votre propos. Les transparents préparés à l'avance font « professionnel » ; ils constituent un gain de temps et permettent notamment une découverte progressive (système de cache ou superposition de plusieurs transparents) qui facilite la compréhension et préserve le suspense. Les diapositives présentent l'avantage d'un excellent rendu des couleurs ; mais elles nécessitent l'obscurité, ce qui n'est pas très pratique pour prendre des notes. Le tableau blanc et le paper-board constituent de bons supports d'appoint, susceptibles d'ajouter dynamisme et spontanéité à votre exposé. Utilisez-les par exemple lorsque vous êtes conduit(e) à improviser une explication complémentaire pour un participant. Méfiez-vous des supports vidéo, qui, s'ils paraissent séduisants, risquent de rendre votre auditoire un peu passif.

À quels codes faites-vous appel ?

La question est capitale dans la situation choisie à titre d'exemple. Combien d'apprentis-orateurs se sont mordu les doigts de ne pas se l'être posée… La communication orale a en effet ses règles propres, qui n'ont pas grand chose à voir avec les règles de l'écrit.

Ne rédigez pas, pour ne pas avoir à lire, ni à réciter un texte appris par cœur. Improvisez à partir d'un plan détaillé, présenté sur un support rigide – il n'y a rien de pire que les gandes feuilles souples, qui vous échappent au moment critique ! –. Contentez-vous d'y consigner votre introduction, l'enchaînement des parties, les mots clés, les exemples que vous allez développer, la place des illustrations que vous allez présenter, votre conclusion. Seules l'introduction et la conclusion peuvent être partiellement rédigées ; travaillez-en particulièrement le style ; c'est, ne l'oubliez pas, la première impression, déterminante, et la dernière, définitive, que vous laissez à vos auditeurs.

Utilisez de préférence des mots courts (ce serait, d'après certaines études, les plus efficaces) des phrases courtes (pas plus de 15 à 20 mots) et des constructions simples.

Pensez que la redondance est indispensable à la transmission du message oral : annoncez votre plan, reformulez de façon synthétique chacune de vos idées avant de passer à la suivante, reprenez l'essentiel en conclusion.

Rappelez-vous également qu'à l'oral, les composantes non verbales jouent un rôle de premier plan.

➡ **Le costume, les accessoires, le décor**

Se présenter en public oblige à un certain protocole. Par respect des auditeurs. Et pour être crédible.

Dès votre entrée en scène, vous êtes jugé : OK, il paraît sérieux… OK, il a fait un effort, et on apprécie…

➡ **Le corps**

Adoptez une posture ouverte, maintenez le dos droit, la tête relevée, trouvez des points d'appui stables. Parlez plutôt debout qu'assis, cela donne davantage de vie ; et vous donnerez de vous-même une image plus dynamique, vous paraîtrez plus sûr(e) de vous. Ne vous réfugiez pas dans un petit coin, dont vous ne bougez plus jusqu'à la fin ! Utilisez tout l'espace.

Respirez. Allongez l'expiration pour vous détendre. Et entraînez-vous à l'effort physique ! Car si, lors d'une conversation, on a besoin de 40 % de capacité pulmonaire, il en faut 80 % pour parler en public…

Tâchez de retrouver, en vous aidant notamment de vos supports visuels, une gestuelle illustrative naturelle. Cela vous permettra de diminuer considérablement les adaptateurs : mains qui se tordent, grattage du nez, etc. Évitez les gestes-barrière. Et surtout, surtout, pas de gestes fabriqués. Pensez au malaise de Fabrice Luchini dans le film « Des riens du tout », quand il essaie de reproduire fidèlement le geste recommandé par sa prétendue conseillère en communication ! L'authenticité est un atout considérable. On vous pardonnera vos petites erreurs ; on ne vous pardonnerait pas d'être faux…

➠ Le visage

La clé, c'est le sourire. C'est en effet pour votre auditoire la preuve que vous êtes content d'être là. Si vous abordez votre intervention en vous disant que c'est un pensum, il le sera effectivement… Motivez-vous positivement en pensant à ce que vous allez apporter à votre auditoire. Si vous montrez que vous avez hâte d'en avoir fini, on n'aura pas non plus envie de vous écouter…

Le regard doit se porter sur l'ensemble des auditeurs et non pas, comme le préconisent certains auteurs, au-dessus des têtes. En effet, il n'y a rien de plus frustrant, pour les auditeurs, que de n'être pas regardés. Et contrairement à ce que l'on imagine, cela aide l'orateur : s'il n'est rien de plus inconfortable que de parler dans le vague, les regards, au contraire, vous servent de points d'appui. Et cela vous permet également, donnée fondamentale, de tirer parti du feed-back.

➠ La voix

La voix livre bien des informations sur l'orateur : elle témoigne de sa confiance, trahit son malaise. Comme le visage, elle joue un rôle important dans l'effet que vous produisez sur l'auditoire.

Ce qu'il faut savoir, c'est que si la voix relève pour une petite part de données innées, pour une grande part, elle se travaille.

Il vous arrive d'hésiter sur le choix d'un terme ou d'une tournure ? Les hésitations sont naturelles dans l'improvisation, mais plus le niveau de l'intervention doit être soutenu, plus elles apparaîtront comme gênantes. Le secret : la maîtrise de votre sujet, la qualité de votre préparation, notamment de votre plan détaillé et de vos supports de présentation : s'ils sont bien conçus, ils doivent vous servir de fil conducteur et vous garantir contre les trous de mémoire.

Le jeu des pauses devrait mettre en évidence les articulations logiques de l'exposé. Mais on observe chez l'orateur inexpérimenté la disparition de ces pauses logiques au profit de pauses physiologiques : comme il bloque sa respiration sous l'effet du trac, il parle en apnée jusqu'à ce qu'il s'asphyxie… À ce moment-là seulement, il reprend sa respiration, généralement bruyamment : cette respiration arrive en plein milieu de phrase, bien ou mal, le plus souvent mal ! Une seule parade : travaillez votre respiration !

Il peut vous arriver de sonoriser les pauses (euh…) : le travail au magnétophone s'avère très utile pour corriger ce genre de petit défaut.

L'intonation, elle, ne se travaille pas. Elle doit être vivante. Un ton monocorde agace et endort. Il témoigne de l'absence d'intérêt de l'orateur par rapport à son message, de son manque d'implication par rapport à son public, de son manque de dynamisme. L'intonation doit être juste. Il est donc exclu, on l'a déjà dit, mais il n'est peut-être pas inutile de le répéter, de réciter un texte appris par cœur. À moins d'avoir, comme un comédien pour le texte de sa pièce, répété pendant des mois pour trouver le ton adéquat…

L'intensité de votre voix doit être adaptée au volume de la salle et à l'importance de l'auditoire. Parler trop fort n'est pas mieux que parler trop bas. Dans un cas, on se fait écorcher les oreilles et on oublie le message, dans l'autre on tend l'oreille, on ne capte pas tout et on finit par décrocher.

Attention ! Si l'auditoire est bruyant, n'essayez pas de hausser la voix pour couvrir le bruit ambiant. Faites plutôt l'inverse.

Le placement de la voix, (cf. chapitre précédent), se travaille. Cela exige du temps, une bonne oreille et des conseils extérieurs. Une voix bien placée résonne sur le palais et donne une voix buccale. On doit avoir l'impression qu'on projette le son devant soi, qu'on utilise le visage comme caisse de résonnance. Si vous devez parler souvent en public et que votre voix se fatigue, prenez des cours de chant.

L'articulation, outre le fait qu'elle est indispensable à la compréhension du message, peut compenser, au moins dans une certaine mesure, une intensité de voix un peu faible et permet à l'orateur d'asseoir son autorité. Attention ! Une articulation relâchée peut être perçue comme un manque de respect pour ses interlocuteurs. Une évidence : évitez le chewing-gum ! Ce n'est pas mieux d'articuler à l'excès. Une articulation forcée fait prétentieux.

Ça vous paraît impossible de tenir compte de toutes ces composantes ? Impossible de penser à tout, de tout surveiller… Mais ce n'est pas ce qu'on vous demande. Vous n'avez pas des défauts dans tous les compartiments de la technique orale ! À la lumière donc du diagnostic porté sur vos points faibles et vos points forts, vous pourrez vous concentrer sur vos petits défauts et vous améliorer sensiblement.

Respectez enfin, dernière règle essentielle pour votre intervention orale, les principes d'élaboration et de présentation des supports visuels.

- Un plan visuel doit être conçu pour être vu et non lu… S'il est lu, il fera appel à l'hémisphère gauche, comme votre discours. Donner un support visuel à lire, c'est donc donner par conséquent double travail au cerveau de votre interlocuteur. Le décodage visuel ne se fera pas à la même vitesse que le décryptage sonore. Donner un support visuel à lire, c'est donc brouiller les pistes au lieu de faciliter la compréhension du message. Il vaut mieux vous passer de visuel que de présenter un visuel mal conçu…
- Privilégiez la clarté, allez à l'essentiel.
- Ne développez qu'une seule idée par plan visuel, et si l'idée est complexe, prévoyez un titre et un sous-titre (moins gros).
- Présentez le moins de texte possible. En cas de visuels verbaux, ne dépassez pas 5 à 7 mots.

Exemple : dans le cas des tableaux de bord, présenter un transparent reproduisant un tableau chiffré extrait, tel quel, d'Excel, serait une erreur, même si le contenu en est fort intéressant. Isolez plutôt, en la grossissant par exemple, une partie significative.

Le codage est très important (cf. cerveau droit) pour mettre les mots en images : épaisseur des traits, couleurs, majuscules, italique, gras… Ne multipliez pas les types de caractères. Sachez que les majuscules sont un peu moins lisibles que les minuscules. Utilisez le gras pour distinguer l'important de l'accessoire. Et respectez une règle d'or : la cohérence. Choisissez des caractères suffisamment gros pour être parfaitement lisibles.

■ Adoptez la couleur, qui :
– accélère la connaissance à près de 78 %
– améliore la compréhension de 73 %
– accroît la mémorisation de 78 %
– stimule la motivation à près de 80 %
– réduit les erreurs à près de 50 %.

■ Soignez l'esthétique. Votre public appréciera.

■ Chaque visuel doit être commenté. L'information orale reste capitale. Tout ce qui est important doit être dit. La lecture de tout visuel doit être guidée.

■ Il faut laisser un silence quand on projette le document visuel avant d'entamer le commentaire ; dès qu'on présente l'image, les récepteurs n'écoutent plus ; il faut leur laisser un minimum de temps pour traiter l'information.

Dans quel contexte ?

Rendez-vous dans la salle avant votre intervention, habituez-vous à l'espace, vérifiez que les matériels fonctionnent, et respectez le temps de parole qui vous est imparti.

Reste à vous mettre au travail : préparez votre plan détaillé et vos supports. Maintenant, à vous de jouer !

www.ingramcontent.com/pod-product-compliance
Lightning Source LLC
Chambersburg PA
CBHW061805210326
41599CB00034B/6883